Welpen-Erziehung in 7 einfachen Schritten
Der vollständige Leitfaden zur Aufzucht des Hundes

Hanna Aumann-Pfaff

Hanna Aumann-Pfaff

Welpen-Erziehung

in 7 einfachen Schritten

Der vollständige
Leitfaden zur Aufzucht
des Hundes

Mit Trainingsplan und vielen Praxistipps

1. Auflage

ISBN 978-3-9821965-2-7

Inhaltsverzeichnis

1. Einleitung: Die faszinierende Welt der Hundebabys

Was passiert eigentlich in der Entwicklung des Welpen, bevor er endlich bei Ihnen einziehen darf? Hundebabys durchlaufen in den ersten Lebenswochen wichtige Phasen, die sie für ihr weiteres Leben prägen. Bei Ihnen angekommen, setzt sich dies fort - dann sind Sie live dabei. Um Ihr neues Familienmitglied von Anfang an richtig zu verstehen, erfahren Sie zunächst, was sich entwicklungstechnisch vor dem Einzug bei Ihnen alles abspielt, denn darauf bauen Sie schließlich bei der Eingewöhnung, bei der Erziehung und im Training auf.

Die Entwicklung von der Geburt des Welpen bis zum erwachsenen Hund ist äußerst spannend. Es gibt aber auch enorm viel zu beachten - schließlich wünschen Sie sich ein harmonisches Zusammenleben und möchten Fehler vermeiden, die vielleicht zu Problemen führen können. Solche kann es im Umgang mit Welpen und erwachsenen Hunden geben, ebenso ernährungsbedingt und in gesundheitlicher Hinsicht. Doch mit einer guten Vorbereitung, hilfreichen Informationen, soliden Anleitungen und praktischen Tipps rund um den Welpen werden Sie umso mehr Spaß mit Ihrem Schützling haben.

1.1 Die ersten Lebenswochen als Basis für die weitere Entwicklung

In der pränatalen vorgeburtlichen Phase fühlen sich Welpen, eng in Kontakt mit den Geschwistern, noch wohl geborgen im Mutterleib. Schon jetzt bekommen sie viel über die Mutter mit: die Ruhe, die diese ausstrahlt, aber auch Nervosität und Unruhe. Deshalb ist es wichtig, dass sich die Mutter selbst liebevoll umsorgt und geborgen fühlt, denn sie überträgt diese Gefühle auf den ungeborenen Nachwuchs. Erfahren die ungeborenen Hundebabys auf diese Weise Sicherheit, wirkt sich das auf die Stabilität ihres Wesens aus.

Nach der Geburt beginnt die neonatale Phase. Instinktiv suchen die Welpen die Nähe der Mutter und Geschwister. Neben Nahrung brauchen sie jetzt ganz besonders die gewohnte körperliche Geborgenheit und Wärme. Noch sind die Augen und Gehörgänge verschlossen, den Neugeborenen stehen lediglich der Geruchs- und Geschmackssinn zur Verfügung. Auch registrieren sie die Wärme und Berührung der Mutter. Die Wärme spendet nicht nur ein Sicherheitsgefühl, sondern ist auch deshalb wichtig, da sie die eigene Körpertemperatur noch nicht ausreichend regulieren können. Die Welpen entfernen sich kaum von ihr, bewegen sich nur kriechend und der Kopf kreiselt auf der Suche nach der Nahrungsquelle, bis sie gefunden wurde - die Bewegungen sind unkoordiniert. Die Mutter verströmt unterdessen Pheromone; das sind feine Geruchsstoffe, die eine beruhigende Wirkung haben.

Etwa ab der zweiten Lebenswoche werden die Kleinen ein wenig eigenständiger, bewegen sich etwas weiter von der Mutter weg und unternehmen auch erste, noch recht hilflos wirkende Versuche, sich aufzustellen. Die Mutter sorgt jedoch dafür, dass ihr Nachwuchs in der Nähe bleibt, und dieser verbringt, bis auf wenige kleine Fortbewegungsversuche, die Tage mit Schlafen und Nahrungsaufnahme.

Im Schlaf findet ein Großteil der Entwicklung statt, die Nahrung liefert die erforderliche Energie dazu. Mehr als das und die Wärme der Mutter brauchen die Hundebabys noch nicht. Obwohl die Welpen in den ersten zwei Wochen noch derart hilflos und unselbstständig sind, findet bereits jetzt die erste Sozialisierung und Erziehung statt: Es gibt, mit den begrenzt zur Verfügung stehenden Mitteln, gelegentliche kleine Gerangel um die Zitzen und Schlafplätze, und indem die Mutter dafür sorgt, dass sich der Nachwuchs nicht zu weit entfernt und die Hinterlassenschaften beseitigt, fördert sie den Gemeinschaftssinn und die Sauberkeit. Bei den Welpen werden durch die Maßnahmen der Mutter latente Informationen gespeichert, die als Grundlage für das spätere Verhalten dienen.

Hinweis

Kommt der Welpe zu Ihnen, dürfen Sie mit der Erziehung und dem Training darauf aufbauen, was die Mutter in den Wochen davor bereits geleistet hat. Die ersten Lebenswochen sind die bedeutsamsten, denn in diesen werden die Hundebabys maßgeblich geprägt. Deshalb ist es so wichtig, dass sie aus einer guten, fürsorglichen Aufzucht kommen. Reine Welpenhändler, denen es nur um Profit geht, kümmert das wenig. Die Nachzuchten sind daher in der Regel wenig sozialisiert und Mängel der ersten Lebenswochen können später nicht mehr oder nur schwer aufgeholt beziehungsweise korrigiert werden. Das liegt daran, dass neben dem Körper auch das Gehirn in dieser Zeit einen Wachstumsschub hat und sich entwickelt. Dabei entstehen Verknüpfungen. Entwickelt sich das Gehirn ohne die relevanten Grundlagenverknüpfungen und -informationen, fehlen diese später schlichtweg und werden auch nicht alle nachträglich integriert.

Gegen Ende der zweiten bis Anfang der dritten Lebenswoche sind die Augen und Gehörgänge schließlich geöffnet. Die jungen Hunde lernen weitere Sinneswahrnehmungen und somit Orientierungsmöglichkeiten kennen. Die neuen Reize animieren sie dazu, ihre Umgebung näher zu erkunden. Auch die Muskulatur wird immer kräftiger, schon bald sind die ersten tapsigen Schritte möglich. Da die Regulierung der Körpertemperatur zunehmend besser funktioniert, entfernen sich die Welpen, von Neugier getrieben, auch mal weiter von der Mutter und schlafen nicht mehr nur eng aneinander gekuschelt. In der Folgewoche sind die Kleinen schon wesentlich aktiver und es beginnt die sogenannte Prägephase, die etwa bis zur siebten oder achten Woche andauert.

Die Welpen nehmen nun die Mutter, die Geschwister und Menschen auch optisch und akustisch wahr, ebenso die Umgebung in größerem Radius. In diesen Wochen sollten sie bereits an vielfältige Umweltreize herangeführt werden, was nicht sonderlich schwer ist, sind Welpen doch von Natur aus neugierig. Schon jetzt lassen sich einzelne Charaktere erkennen: Der eine erkundet seine Umgebung forscher, der andere ist vorsichtiger und zurückhaltender.

Es ist besonders wichtig, dass Welpen in dieser Zeit viel kennenlernen, ohne sie dabei zu überfordern. Sie sollen viele positive Erfahrungen sammeln: Neue Reize werden wiederum im Gehirn abgespeichert und mit positiven oder negativen Erfahrungen verknüpft. Je mehr positive Verknüpfungen nun entstehen, umso besser finden sich die Hunde später im Leben zurecht und umso einfacher haben auch Sie es, denn negative Erfahrungen lassen sich ebenso wie fehlende Verknüpfungen kaum mehr ausbügeln. Machen die Welpen jetzt die Erfahrung, dass sie sich vor Alltagsgeräuschen wie Staubsauger, Straßenverkehr, herunterfallenden Gegenständen und sprechenden oder lachenden Menschen nicht fürchten müssen, nehmen sie diese positiven Beobachtungen in ihr neues Zuhause mit. Das betrifft ebenso den Umgang mit Kindern, anderen Haustieren wie freundlichen Katzen, engen Kontakt zu Menschen wie das Streicheln, Hochheben, Wiegen und Untersuchungen.

Untereinander werden die Hundebabys ebenfalls aktiver und testen sich unter Geschwistern aus, wodurch sie vielfältige Erfahrungen sammeln: Sie üben sich in der Kommunikation und dem Sozialverhalten, erfahren ihre Kräfte und Fähigkeiten spielerisch, lernen, dass ein Biss mit den spitzen Zähnchen wehtut und erkennen, dass es auch Grenzen gibt. Die Mutter wird in der Erziehung ebenfalls aktiver. Sie weist den Nachwuchs zurecht, wenn er zu aufdringlich wird oder anderweitig unerwünschtes Verhalten zeigt.

Praxistipp

Beobachten Sie die Welpen in dieser Lebensphase und im Umgang miteinander, erkennen Sie bereits im Ansatz, in welchem eher ein Draufgänger schlummert, wer gerne seinen Kopf durchsetzt, wer sich eher unterwirft und wer etwas schüchterner ist. Es ist daher sinnvoll, wenn Sie die Gelegenheit zu einigen Besuchen haben, bevor Sie sich konkret für einen Welpen entscheiden. Er soll schließlich im Wesen und den Veranlagungen zu Ihnen, Ihren Vorstellungen und den Gegebenheiten vor Ort passen.

2. Die Auswahl des Welpen

Die Auswahl an Rassen und Mischlingen ist groß. Ob der Welpe langfristig zu Ihnen und Ihren Vorstellungen passt, will gut bedacht sein: Das niedliche Baby wird erwachsen und Sie übernehmen für lange Zeit die Verantwortung für den Hund. Es wäre müßig bis fatal, sich ein Hundeleben lang mit Eigenschaften auseinandersetzen zu müssen, die weder gewünscht waren noch zur eigenen Person, der Familie und den Lebensumständen passen. Ein Jagdhund, Hütehund oder Herdenschutzhund, der nicht als Gebrauchshund gehalten wird, erfordert eine entsprechende Ersatzaufgabe oder -beschäftigung, damit er seine Veranlagungen ausleben kann. Das ist mit Zeit und Aufwand verbunden. Einige Rassen benötigen besonders viel Pflege, andere viel Bewegung bei Wind und Wetter. Es gibt solche, die aufgrund ihres Wesens eher als Familienhunde gelten, andere wiederum sind idealere Begleiter einer Einzelperson.

Oft gefällt eine Rasse optisch besonders gut, passt aber nicht wirklich zum Menschen, der Familienkonstellation, den Lebensumständen oder dem Umfeld. Viele seriöse Züchter beraten eingehend und vergewissern sich, dass Hund und Mensch harmonieren, bevor sie einen Welpen abgeben. Ebenso verhält es sich mit vielen privaten Züchtern und Tierschutzvereinen. Vermehrer und Händler dagegen möchten den Nachwuchs möglichst schnell abgeben und kümmern sich weniger darum, ob der Hund und die Menschen wirklich glücklich miteinander werden können. Letztendlich gilt es, die eigenen Wünsche und Gegebenheiten mit dem Wesen des Hundes abzustimmen.

Neben rassespezifischen Merkmalen ist jeder Welpe bereits ein kleines Individuum. Sie können ihn prägen und erziehen, die grundlegenden Wesenszüge und Veranlagungen wird er jedoch behalten. Daher bietet es sich an, neben bestimmten Merkmalen und zu erwartenden Eigenheiten oder Eigenarten tatsächlich die Welpen eines oder mehrerer Würfe zu besuchen, bevor Sie eine endgültige Entscheidung treffen, um so die unterschiedlichen, individuellen Charaktere kennenzulernen.

Zunächst beantworten Sie sich doch selbst die folgenden Fragen ehrlich - lassen Sie sich Zeit dabei:

- Wie groß darf der ausgewachsene Hund sein?
- Wünschen Sie sich einen aktiveren oder genügsameren Hund?
- Soll er pflegeintensiveres längeres oder lieber kurzes Fell haben?
- Möchten Sie Hundesport mit ihm betreiben oder bevorzugen Sie ruhigere Spaziergänge?
- Planen Sie eine Ausbildung mit dem Hund, etwa zum Gebrauchs-, Begleit-, Such-, Schutz- oder Rettungshund?
- Soll der Hund in der Stadt zurechtkommen oder leben Sie eher ländlich?

- Sind Sie im Sommer gerne mit dem Hund am Wasser?
- Möchten Sie mit dem Hund Joggen oder Radfahren?
- Soll er sich mit anderen Haustieren arrangieren?
- Leben Kinder im Haushalt oder sind welche geplant?
- Ist es in Ihrem Haushalt ruhiger oder geht es oft turbulenter zu?
- Gibt es im Bundesland oder in der Gemeinde besondere Regelungen und Vorschriften für bestimmte Rassen und Mischlinge aus solchen oder ab einer bestimmten Größe des Hundes?
- Kleine Hunde fressen weniger als große und benötigen im Falle einer Erkrankung weniger Medikamente als große. Wie viel möchten Sie für die laufenden Kosten einkalkulieren?

Machen Sie sich zu den einzelnen Fragen Stichpunkte und notieren Sie weitere zu allem, was Ihnen eventuell wichtig ist. Damit grenzen Sie einen groben Rahmen für die Auswahl ein. Selbstverständlich lässt sich nicht alles exakt planen und in allen Einzelheiten vorhersagen, denn auch rassetypische Eigenschaften sind nicht bei jedem Hund gleich stark entwickelt und die Charaktere von Welpen sind nicht in Stein gemeißelt. Trotzdem reduzieren Sie das Risiko langjähriger Probleme und Konfrontationen, wenn Sie sich vorab Gedanken machen und bewusst einen Welpen aussuchen, der Ihren Vorstellungen recht nahekommt. Mit Herausforderungen im Zusammenleben werden Sie, davon abgesehen, natürlich konfrontiert werden, das bleibt auch bei den erfahrensten Hundehaltern nicht aus.

Solche zu meistern schweißt Hund und Mensch aber zu einem immer besseren Team zusammen. Deshalb ist es so ratsam, möglichst auszuschließen, dass Sie nicht von vornherein kalkulierbare Probleme zu erwarten haben, denen Sie nicht gewachsen sind.

Praxistipp

Bevorzugen Sie ruhige gemeinsame Spaziergänge in der Natur, wäre ein Jagdhund die denkbar schlechteste Wahl. In einer Familie mit kleinen Kindern, wohnhaft in einem Mietshaus, wird ein Hund mit Schutztrieb schnell zum Problem. Würden Sie sich über einen ausgelassenen Badespaß mit Hund am See freuen, könnte Ihnen ein Windhund einen Strich durch die Rechnung machen. Sind Sie sportlich aktiv und haben außerdem Lust auf Hundesport wie beispielsweise Agility, können Sie durchaus auch einem Hütehund wie dem Border Collie oder Australian Shepard gerecht werden. Joggen mit einem Bernhardiner oder großen Molosser an der Seite lässt sich dagegen kaum verwirklichen. Sind Sie selbst allgemein weniger konsequent und durchsetzungsstark, dürften Sie mit einem draufgängerischen, selbstbewussten Welpen weniger glücklich werden als mit einem kooperativen, ruhigeren Vierbeiner. Eine eher zierliche Person sollte bedenken, dass sie genug Kraft haben muss, den ausgewachsenen Hund sicher an der Leine zu führen. Ein schüchterner, ängstlicher Welpe ist in einem turbulenten Haushalt eine ungünstige Wahl - er wäre dort nicht glücklich und es könnte sich ein Angstbeißer entwickeln. Das macht deutlich, dass nicht jeder Hund zu jedem Menschen passt und umgekehrt. Bei einer grundlegend falschen Wahl würden weder Sie noch Ihr Hund glücklich und zufrieden sein.

2.1 Die Herkunft des Welpen

Wie wächst der Welpe auf? Wie ist der Gesundheitszustand? Werden die Welpen frühzeitig sozialisiert? Woran erkennen Sie einen seriösen Züchter oder allgemein eine seriöse Vermittlungsstelle?

Sie wissen nun, warum die ersten Lebenswochen für die Entwicklung des Welpen so wichtig sind. Verantwortungsvolle Züchter, ob privat oder gewerblich, geben den Nachwuchs nicht unbedarft ab. Sie möchten die Menschen kennenlernen, die einen ihrer Schützlinge aufnehmen wollen, und werden im Gespräch versuchen herauszufinden, ob die Menschen und die Lebensumstände für den Hund passen. Sie werden auch über eventuelle rassespezifische Eigenschaften aufklären und stellen die Mutter mit ihren Babys vor. Fragen Ihrerseits sollten offen beantwortet werden.

Die Entwicklung der Welpen wird sorgfältig beobachtet. Die Gewichtszunahme und der Gesundheitszustand werden regelmäßig kontrolliert und die Erziehung zur Sauberkeit beginnt schon in den ersten Lebenswochen, in denen die Welpen immer wieder an einen bestimmten Platz gesetzt werden, um sich zu entleeren. So lernen sie, ihren üblichen Schlaf- und Aufenthaltsort nicht zu beschmutzen. Auch mit den einzelnen Charakteren befasst sich jeder, dem seine Welpen am Herz liegen, frühzeitig. Nur dann ist es möglich, Sie anhand Ihrer Vorstellungen souverän zu beraten, welcher der Welpen zu Ihnen passen könnte und welcher weniger.

Achten Sie auch darauf, ob die Welpen tatsächlich Familienanschluss haben: Eine Wurfbox oder eine Ecke im Stall tragen kaum dazu bei, dass sich die Hundebabys frühzeitig an die Geräusche und Gerüche in menschlicher Umgebung sowie den engen Kontakt zu Menschen gewöhnen. Das macht sich bemerkbar, wenn die Welpen in ihr neues Zuhause kommen und noch gar nichts kennen.

Spielen Sie mit dem Gedanken, einen Welpen aus dem Tierschutz zu übernehmen, wird Sie eine seriöse Organisation ebenso ausführlich unter die Lupe nehmen und aufklären wie ein Züchter. Selbstverständlich sind hier die Voraussetzungen andere - die räumlichen Gegebenheiten und Kapazitäten im Tierschutz bieten nicht immer die Möglichkeit, die Welpen mit engem Anschluss an den Menschen aufzuziehen. Dennoch werden sich die Mitarbeiter einer seriösen Organisation täglich intensiv um den Nachwuchs kümmern und ihn auch mit den unterschiedlichsten Umweltreizen vertraut machen. Bei der Adoption eines Welpen aus dem Ausland ist das nicht immer so möglich oder, je nach Herkunftsland, üblich. In diesem Fall müssen Sie wissen, dass die Sozialisierung und Erziehung bei Ihnen mit größeren Herausforderungen verbunden sein kann, da für das Hundebaby viel Nachholbedarf besteht.

Als stolzer neuer Besitzer sind Sie aber ohnehin in der Verantwortung, den Welpen an sein neues Leben heranzuführen und ihn so zu erziehen, dass sich das Zusammenleben und das Verhalten des Hundes in der menschlichen Gesellschaft harmonisch gestaltet. Dazu gibt es effektive Trainingsmöglichkeiten. Im Idealfall beginnt das Training ebenso wie die Gewöhnung an verschiedene Umweltreize und die Sozialisierung bereits beim Erstbesitzer oder der Tierschutzorganisation.

Was auf Sie zukommt, hängt also einerseits immer von der Aufzucht des Welpen ab, andererseits davon, welcher Hundetyp bei Ihnen einzieht. Wurde sich wenig um die Hundebabys gekümmert, ist das sicher kein Ausschlusskriterium. Ihnen sollte lediglich bewusst sein, dass Sie vermutlich mehr Aufwand damit haben, den kleinen Hund behutsam an alles Neue heranzuführen. Abgesehen davon entscheidet das Wesen des Hundes darüber, in welcher Richtung mit ihm zu üben und zu trainieren ist. Für einen Draufgänger, der sich nicht unterordnen möchte, gilt, diesen in geeignete Bahnen zu lenken und die Kooperationsbereitschaft zu fördern. Bei einem ängstlichen Welpen dagegen geht es darum, ihm zu mehr Selbstbewusstsein zu verhelfen, damit er glückliche Jahre an Ihrer Seite verbringen kann.

2.2 Wesenstest - Die Grundlage für erste Trainingsschritte

Die grundsätzliche Veranlagung jedes Welpen lässt sich recht früh feststellen. Das dient dazu herauszufinden, um was für einen Hundetyp es sich handelt und um in Erfahrung zu bringen, welche Herausforderungen auf die neuen Besitzer zukommen. Letztendlich lässt sich darauf aufbauend jeder Charakter noch durch die weitere Prägung, die Erziehung und gezieltes Training formen. Ein Charaktertest ist folglich eine Momentaufnahme, die verrät, welchen Hundetyp Sie sich ins Haus holen. Er verrät die speziellen Wesenszüge, die der Welpe ins Leben mitgebracht hat, kann Aufschluss über eine eventuelle Eignung als Gebrauchshund geben und gibt den neuen Besitzern Aufschluss, was auf sie zukommt.

Recht aufschlussreich ist der sogenannte „Sechs-Wochen-Test“. Wie der Name bereits sagt, wird er bei sechs Wochen alten Welpen durchgeführt. In dieser Lebensphase bekommen viele Hundebabys bereits Besuch von Interessenten und anhand dieses Tests kann sich jeder ein besseres Bild von den individuellen Charakteren des Wurfs machen. Es geht darum, einen Eindruck vom Temperament des Welpen und seinem Umgang mit Reizen beziehungsweise seiner Reaktion auf solche zu erhalten. Auch die soziale Veranlagung wird überprüft, etwa wie offen oder zurückhaltend der Welpe auf fremde Menschen reagiert. Weitere Bereiche sind:

Spieltrieb und Kooperationsbereitschaft:
Interessiert sich der Hund für einen geworfenen Ball oder bleibt er eher desinteressiert? Möchte er sich lieber alleine mit dem Ball beschäftigen oder zusammen mit dem Menschen spielen? Daraus lässt sich ableiten, wie lern- und aktivitätsfreudig der Welpe ist und wie kooperationswillig er sich zeigt. Wie bereitwillig er sich den Ball abnehmen lässt, ist ein Hinweis auf sein Dominanzverhalten und die Aggressionsbereitschaft: Auch kleine Welpen wissen schon ihre Zähne einzusetzen und zu knurren, wenn sie ihren Kopf durchsetzen möchten. An einem solchen Verhalten kann bereits beim Züchter gearbeitet werden und das Training wird später im neuen Zuhause fortgesetzt.

Schreckhaftigkeit:
Wie reagiert der Welpe, wenn in seiner Nähe etwas scheppernd zu Boden fällt? Der eine erschreckt sich kurz und geht dann weiter seiner Beschäftigung nach, ein anderer kauert sich vielleicht reglos zusammen, flüchtet oder sucht Schutz beim Menschen. Auch mit einem sehr schreckhaften Welpen kann gezielt trainiert werden, um beispielsweise seine Geräuschempfindlichkeit zu reduzieren. Allerdings ist es für ein solches Wesen denkbar ungünstig, wenn er im neuen Zuhause direkt eine laute und hektische Umgebung vorfindet. Dort wäre ein weniger schreckhafter Welpe glücklicher.

Dominanz und Willensstärke:

Wie reagiert der Welpe, wenn er auf den Rücken gelegt und in dieser Lage gehalten wird? Wie reagiert er, wenn er auf den Arm genommen und ebenfalls in Rückenlage gehalten wird? Ein Welpe, der sich heftig wehrt, strampelt, vielleicht sogar knurrt und um sich schnappt, möchte sich nicht gerne unterordnen. Je nach Grad der Gegenwehr ist ersichtlich, ob er versuchen wird, seinen Willen auch aggressiv durchzusetzen. In einem solchen Fall wird diese „erzwungene" Rückenlage immer wieder geübt, damit der Welpe schon früh lernt, dass er seinen Kopf nicht immer durchsetzen kann. Er soll erfahren, dass er mit seinem Strampeln, Knurren und Beißen keinen Erfolg hat. Je früher das geschieht, umso einfacher klappt es später im Zusammenleben mit den neuen Besitzern. Ein solcher Hund wird aber immer eine konsequente Führung brauchen, da er in seinem innersten Wesen dazu neigt, seinen eigenen Willen durchzusetzen. Auch für Tierarztbesuche ist es wichtig, dass sich der Hund fügt und sich untersuchen lässt. Reagiert ein Welpe dagegen in der Rückenlage entspannt, sind hinsichtlich Kooperationsbereitschaft und forscher Aggression allgemein weniger Probleme zu erwarten.

Kreativität und Strategieentwicklung:

Was tut der Welpe, wenn vor ihm unter einem Becher ein besonders gut riechendes Leckerli versteckt ist? Interessiert er sich gar nicht dafür, handelt es sich möglicherweise um einen Charakter, der sich nicht so einfach über Futter animieren lässt. Interessiert er sich dafür, ist es spannend zu beobachten, ob er eine Lösung findet und wie er dabei vorgeht. Gelangt er an das Futter und schafft es gar ein zweites Mal auf demselben Lösungsweg, dürfte es sich um einen recht kreativen Kopf handeln, der auch später noch in der Lage ist, immer einen Weg zu finden, um sein Ziel zu erreichen. Das erfordert im späteren Zusammenleben, dem Hund immer wieder neue Herausforderungen zu bieten, die ihn auslasten, damit er nicht selbst allerlei Sachen ausheckt, die menschlicherseits weniger erwünscht sind.

Selbstschutzinstinkt und Impulsivität:
Was macht der Welpe, wenn er (unter den wachsamen Augen der Menschen) auf einen Tisch oder Stuhl gestellt wird? Erstarrt er förmlich und bleibt an Ort und Stelle, bewegt er sich vorsichtig und späht zurückhaltend den Rand hinunter oder ist er eher impulsiv und kopflos, sodass er herunterfallen würde, wenn es niemand verhindert? Übervorsichtigkeit erfordert ein ganz anderes Training als völlig unbedarftes, in diesem Fall für den Welpen lebensgefährliches Verhalten. Ein zögerlicher, die Umgebung neugierig, aber vorsichtig erforschender Welpe ist dagegen die „goldene Mitte“ - er zeigt das gesündeste Verhalten. In dieser Richtung müssen die anderen beiden lernen.

Reaktion auf körperliche Reize:
Wie reagiert der Welpe, wenn er gezwickt wird? Erschreckt er sich nur etwas und zuckt zusammen, zeigt das schon im jungen Lebensalter ein recht wesensfestes Tier, das deutlich besser in einen Haushalt mit Kindern passt als ein solcher, der

sich sofort heftig wehrt oder gleich flüchtet. Ansonsten ist es für den Umgang mit dem Hund und für tierärztliche Untersuchungen unerlässlich, dass er auch mal eine unangenehme Situation aushält. Das lässt sich über viele kleine Trainingsschritte mit einem Belohnungssystem üben.

Hinweis

Wie Sie sehen, ist ein Welpentest in vielerlei Hinsicht sinnvoll. Der Züchter erhält wertvolle Informationen darüber, um welchen Hundetyp es sich handelt, und kann darauf basierend schon früh gezielt mit jedem einzelnen Welpen verschiedene Dinge üben. Den einen führt er behutsam an Reize heran, die ihn verunsichern, bei einem anderen geht es darum, etwaiges Aggressionspotenzial von vornherein einzudämmen. Kreative Köpfe können frühzeitig gefördert, antriebslosere Charaktere zu Aktivität und Kooperation animiert werden. Interessenten erfahren ebenfalls etwas über die Veranlagungen der Hunde, können dadurch besser einschätzen, worauf sie sich einlassen und beurteilen, welcher Welpe optimal zu den eigenen Vorstellungen und Umständen passt. Ebenso erhalten neue Besitzer schon zum Einzug erste zielführende Trainingsansätze.

3. Gedanken zum Einzug des Welpen und grundlegende Trainingsinformationen

Neben der Auswahl des Welpen selbst gibt es vor dem Einzug noch viel zu überdenken und zu organisieren. Zunächst sind abschließend grundlegende Fragen zu klären:

- Lassen sich Hund und Alltag langfristig organisieren?
- Wer kümmert sich im Falle einer Krankheit oder in einer Notsituation um den Hund?
- Sind alle Personen im Haushalt mit dem Einzug des Welpen einverstanden und ist sichergestellt, dass es keinen Allergiker gibt?
- Mit welchen laufenden Kosten ist zu rechnen (Futter, Versicherungen, Hundesteuer, tierärztliche Routinemaßnahmen) und reicht das Budget auch, um für Notfälle wie beispielsweise eine schwerere Erkrankung oder einen Unfall etwas zurückzulegen?
- Welche Regeln sollen im Zusammenleben mit dem Hund gelten?
- Was wird alles für die Erstausstattung benötigt?
- Ist die Wohnung welpensicher?

3.1 Die Zeit der Vorfreude

Noch ist der Welpe bei der Mutter und den Wurfgeschwistern. Dort lernt er bereits Grundlegendes für sein weiteres Leben, das er bei Ihnen verbringen soll. Das gibt Ihnen genug Zeit, sich nochmals intensiv mit dem Einzug und dem weiteren Zusammenleben auseinanderzusetzen. So wunderschön das Leben mit einem Hund ist und so groß die Vorfreude auch sein mag: Es kommt sprichwörtlich Schwung ins Haus und ab dem Tag des Einzugs bestimmt der Hund das Leben mit. Er muss täglich bei Wind und Wetter hinaus und bringt Schmutz mit in die Wohnung. Die ersten Wochen mit dem tapsigen Welpen sind zwar einerseits eine unvergessliche Bereicherung, andererseits jedoch auch anstrengend. Noch muss er lernen, Darm und Blase nicht willkürlich zu entleeren und er wird auch nachts vermutlich nicht durchschlafen, sondern hinausmüssen. Bei aller Mühe wird doch hin und wieder etwas in der Wohnung landen.

Welpen sind von natürlicher Neugier und Forscherdrang geprägt und nutzen dazu ihre Nase, aber auch ihre Zähne. Bestenfalls ist es nur ärgerlich, wenn etwas angeknabbert wird, schlimmstenfalls birgt das Gefahren - wenn er sich zum Beispiel über ein Stromkabel oder scharfkantige Gegenstände hermacht, die ihn verletzen können.

Zweifelsfrei ist es eine einzigartige Erfahrung, den Welpen aufwachsen zu sehen und später einen treuen Begleiter an der

Seite zu haben. Umso trauriger ist es, wenn die Lebensumstände auf einmal gegen einen Hund sprechen. Reagiert eine Person im Haushalt allergisch, stellt sich umgehend die Frage, ob der lieb gewonnene Hund abgegeben werden muss. Es kann immer etwas passieren, sodass Sie sich nicht mehr weiter um den Hund kümmern können. Dann brauchen Sie eine zuverlässige Person, die mit ihm hinausgeht oder ihn für eine Weile betreut. Schon bei Welpen können sich Verhaltensweisen zeigen, die Sie vor Probleme stellen und durchdachtes Training erfordern

Praxistipp

Welpen sind klein, süß, tollpatschig und unschuldig. Trotzdem ist es wichtig, frühzeitig mit der Erziehung zu beginnen und feste Regeln aufzustellen. Wird dies versäumt, ist es später umso langwieriger und schwieriger, unerwünschtes Verhalten abzutrainieren oder dem Hund etwas zu verbieten, was ihm vorher erlaubt und somit selbstverständlich im Zusammenleben mit Ihnen war.

Wie im Leben der Menschen nicht alles kalkulierbar ist, verhält es sich auch bei Hunden. Sie können krank werden und brauchen dann viel Fürsorge. Nicht alle Krankheiten sind heilbar und auch Unfälle können Langzeitfolgen haben. Das konfrontiert Sie mit neuen Lebensumständen und vermutlich höheren finanziellen

Aufwendungen. Spätestens im Alter stellen sich verschiedene „Wehwehchen“ ein, der Hund wird üblicherweise träger und ruhiger, vielleicht kann er Blase und Darm nicht mehr vollständig kontrollieren. Niemand hofft, dass unschöne Dinge im Zusammenleben mit dem Hund eintreffen, doch die Möglichkeit dessen sollte jedem bewusst sein. Daher sollten Sie sich vorab kritisch die Frage beantworten, ob Sie auch dann für Ihren Hund da sein möchten und können, wenn Sie eines Tages vor unerwarteten Problemen stehen.

3.2 Finanzplanung

Die laufenden Kosten lassen sich, abgesehen von eventuellen Finanzentwicklungen am Markt oder individuellen späteren Entscheidungen für dieses oder jenes Futter, recht gut kalkulieren. Nutzen Sie die Zeit vor dem Einzug des Welpen, um Versicherungen zu vergleichen, sich über die Höhe der Hundesteuer zu informieren und verschiedene Futtersorten hinsichtlich Qualität und Preis zu prüfen. Gespräche mit Hundehaltern oder ein Anruf beim Tierarzt geben Aufschluss über das diesbezüglich erforderliche Budget. Mit einer guten Vorbereitung wissen Sie ungefähr, mit welchen regelmäßigen Kosten zu rechnen ist.

Aufwendung	Erläuterung zur Kostenkalkulation
Futter	Die Futtermenge richtet sich nach der Größe und Aktivität des Hundes. Preisliche Unterschiede gibt es zwischen Nass- und Trockenfutter beziehungsweise selbst Gekochtem oder der Rohfütterung. Daneben entscheidet die Marke über den monatlichen Aufwand
Tierarzt	Jährlich muss der Hund geimpft werden und eine regelmäßige Parasitenprophylaxe ist ratsam. Die jährliche Impfung verbindet der Tierarzt mit einem allgemeinen Gesundheitscheck
Hundesteuer	Die Höhe des Steuersatzes wird von der Gemeinde festgesetzt. Die Hundesteuer ist, je nach Regelungen, über das Jahr verteilt oder alljährlich in einem Betrag fällig
Versicherungen	Eine Hundehaftpflichtversicherung ist unbedingt empfehlenswert, denn auch ein bestens erzogener und folgsamer Hund kann in einer unvorhergesehenen Situation Schaden verursachen, für den Sie als Halter aufkommen müssen. Daneben haben Sie die Möglichkeit, eine Unfall- und OP-Versicherung oder eine Krankenversicherung, die auch Routineuntersuchungen und Impfungen abdeckt, für den Hund abzuschließen

Leckerli	Mit leckeren Belohnungen wird das Training einfacher, manche Hunde sind damit geradezu bestechlich. Ein kleiner Vorrat sollte daher immer im Haus sein, was natürlich die laufenden Kosten ein wenig erhöht. Tolle Leckereien für den Hund können Sie übrigens auch selbst backen: Kreative und gesunde Rezepte finden Sie im Kapitel zur Ernährung
Zubehör	Im ersten Lebensjahr wächst der Welpe schnell aus Leine und Geschirr heraus, wodurch gelegentliche Neuanschaffungen erforderlich sind. Auch eine Box oder das Bett werden vielleicht zu klein. Berücksichtigen Sie das bei den laufenden Kosten, bleiben diese überschaubar

Tabelle 1: Regelmäßig anfallende Kosten durch einen Hund

3.3 Regeln im Zusammenleben

Damit sich das Zusammenleben harmonisch gestaltet, sind gewisse Regeln erforderlich. Der Hund möchte wissen, was von ihm erwartet wird und was für ihn tabu ist. Natürlich sind Welpen hinreißend und niedlich. Sie erweichen mit den Knopfaugen, ihrem unschuldigen Blick und dem noch leicht unbeholfenen Verhalten im Handumdrehen das Herz. Doch sie bekommen bereits von der Mutter Regeln vermittelt, die diese auch durchsetzt. Sie wollen eigentlich alles richtigmachen und in ihrem Verhalten gefallen, aber was als richtig erachtet wird, lernen sie nur, wenn es ihnen auch konkret vermittelt wird.

Die Präge- und Sozialisierungsphase setzt sich in den ersten beiden Wochen bei Ihnen fort und ist essenziell wichtig für eine gesunde Entwicklung. Auch ist es wenig sinnvoll, dem Welpen Freiräume und Rechte einzuräumen, um sie dem ausgewachsenen Hund wieder nehmen zu wollen. Das verwirrt ihn, stört das Vertrauensverhältnis zum Menschen und ist mit viel Training verbunden. Das können Sie sich selbst und dem Hund ersparen.

Der Mensch an seiner Seite muss für einen Hund zuverlässig und auf eine gewisse Art berechenbar sein. Heute so und morgen so ist nichts, woran sich ein Hund orientieren kann, und vor allem Welpen brauchen eine sichere Umgebung, die ihnen Halt und Orientierung bietet. Das betrifft einerseits klare Regeln und Grenzen, andererseits feste Abläufe und Strukturen.

Überlegen Sie sich daher sorgfältig schon vor dem Einzug des Welpen, was er darf und was Sie nicht wünschen:

- Möchten Sie das Sofa oder Bett mit dem Welpen teilen, auch dann noch, wenn der Hund erwachsen ist, können Sie ihn von Beginn an gerne zu sich auf das Sofa oder Bett lassen. Möchten Sie das nicht, unterbinden Sie es vom ersten Tag an. Bringen Sie ihn stattdessen zu seinem Ruheplatz und machen ihm diesen mit Streicheleinheiten, Lob und gegebenenfalls einem Leckerli schmackhaft.

- Soll der Hund nicht in die Küche, sichern Sie diese mit einem Gitter.
- Füttern Sie ihn kein einziges Mal vom Tisch, wenn Sie sich keinen aufdringlichen Bettler heranziehen möchten oder gar einen Hund, der meint, einen Anspruch auf Ihr Essen zu haben.
- Soll der Hund keine Menschen anspringen, unterbinden Sie dieses Verhalten vom ersten Tag an bereits beim Welpen.
- Möchten Sie später keinen Hund, der sich Ihnen gegenüber rüpelhaft verhält und Sie respektlos anknurrt, darf auch der kleine Welpe im Spiel mit Ihnen nicht die Regeln bestimmen. Lassen Sie ihn auch nicht spielerisch auf der Hand herumkauen oder am Hosenbein ziehen. Sie könnten es später bereuen, wenn der Kiefer muskulöser ist, die Zähne größer sind und die Beißkraft zugenommen hat. Menschliche Körperteile sind bereits für den Welpen tabu.
- Soll der Hund später nicht an die Tür laufen und bellen, wenn es klingelt, bringen Sie bereits bei Ihrem Welpen Ruhe in die Angelegenheit. Er kann recht schnell lernen, auf seinem Platz zu warten, bis Sie zur Tür gegangen sind und den Besuch einlassen. Diesen darf er vom ersten Tag an nicht stürmisch begrüßen, wenn er auch später nicht aufdringlich gegenüber Besuchern werden soll.

Sie wissen selbst am besten, wie Sie Ihren Alltag organisieren möchten und entsprechend soll sich der Hund integrieren, damit sich die Abläufe und allgemein das Zusammenleben harmonisch gestalten. Machen Sie beim Welpen keine Ausnahmen, wenn Sie sich nicht sicher sind, dass ein Verhalten auch all die weiteren Jahre mit dem erwachsenen Hund in Ordnung für Sie ist. Es ist wesentlich einfacher, später mehr Freiräume zu gewähren, als unerwünschte Verhaltensweisen mühsam wieder abzutrainieren oder umzulenken.

Praxistipp

Von Bedeutung ist in diesem Zusammenhang in erster Linie Konsequenz. Gutmütige Ausnahmen versteht ein Welpe nicht als solche und er weiß nicht mehr, ob nun diese oder jene Regel gilt bzw. welches Verhalten richtig ist. Der Tagesablauf sollte jedoch keineswegs nur von Verboten geprägt sein. Bieten Sie immer ein Alternativverhalten an und bestätigen Sie den Welpen positiv darin. Bedenken Sie vor allem auch, dass der Welpe noch weitere Entwicklungsphasen durchläuft. Sobald er sich eingewöhnt hat, wird er mutiger und vielleicht forscher. Er wird schon in einigen Wochen anfangen, seine Grenzen neu auszutesten und in ein paar Monaten folgt die Pubertät, die sich wesentlich einfacher gestaltet, wenn es feste Regeln und Abläufe gibt. Das ist für den Hund enorm wichtig und beugt zahlreichen späteren Problemen vor. Wichtig ist außerdem, dass alle Personen im Haushalt an einem Strang ziehen, sich einig sind und jeder Mensch dem Hund die gleichen Regeln vermittelt. Setzen Sie sich daher vor dem Einzug zusammen und besprechen Sie alles ausführlich. So sind Sie bestens auf die Ankunft Ihres neuen Familienmitglieds vorbereitet.

3.4 Grundausstattung für den Welpen

Futter und Zubehör:
Erkundigen Sie sich beim Züchter, welches Futter die Welpen bekommen. Anfangs sollten Sie dieses ebenfalls geben und, sofern Sie nicht daran festhalten, das Futter langsam umstellen. Ein Vorrat für die ersten zwei bis drei Wochen ist daher sinnvoll. Dazu braucht der Welpe natürlich Futter- und Wasserschüsseln. Wählen Sie idealerweise rutschfeste Ausführungen, damit die Schüsseln beim Fressen und Trinken an Ort und Stelle bleiben. Alternativ hilft eine rutschfeste Unterlage. Eine Futtertonne ist kein Muss, kann aber gute Dienste zur sicheren und hygienischen Aufbewahrung von Trockenfutter sein.

Halsband, Geschirr und Leine:
Ein Welpe ist vor allem in den ersten Tagen meist sehr auf die Menschen fixiert, die ihm nun statt der Mutter und der Geschwister die dringend notwendige Sicherheit und Geborgenheit geben. Trotzdem ist es ratsam, von Anfang an nur angeleint mit ihm hinauszugehen. Damit verbinden Sie gleich das erste Leinentraining und üben die Leinenführigkeit. Einige Welpen

kennen Halsband oder Geschirr und Leine bereits, wenn sie zu Ihnen kommen, was es einfacher macht.

Die Frage, ob der Welpe ein Halsband oder ein Geschirr bekommen sollte, ist am besten mit „beides“ beantwortet. So gewöhnt er sich an beide Varianten und Sie haben später keine Mühe mit einer eventuellen Umstellung. Zieht ein kleiner Draufgänger bei Ihnen ein, kann ein Geschirr unterwegs die sinnvollere Variante sein, da sich die Belastung auf den Körper besser verteilt, sollte der Welpe mal losstürmen und mit einem Ruck durch die Leine gebremst werden. Die zusätzliche Gewöhnung an das Halsband ist dennoch empfehlenswert: Es gibt viele Pro- und Contra-Argumente für beides und situationsbedingt kann mal das Halsband, mal das Geschirr vorteilhafter sein. Besorgen Sie also Halsband, Geschirr und Leine und denken Sie daran, dass der Welpe wächst und schon bald größere Ausführungen benötigt. Die Erstausstattung soll funktional sein, muss aber noch keine besonderen Ansprüche erfüllen. Auch ist eine Leine bis zu zwei Meter Länge völlig ausreichend. Auf eine Schleppleine oder eine Flexileine sollten Sie anfangs verzichten.

Praxistipp

Ihr Welpe soll lernen, bei Ihnen an der Leine zu laufen. Macht er von Anfang an die Erfahrung, dass er unterwegs seiner eigenen Nase nachgehen kann und sich nicht großartig an Ihnen orientieren muss, kann es bei einem aufgeweckten, eigenständigen Hund später schwerer werden, Leinenführigkeit zu trainieren. Er wird dazu neigen, seine eigenen Interessen zu verfolgen, statt gemeinsam mit Ihnen als Team unterwegs zu sein und Ihnen die Bestimmung über die Geschwindigkeit und die Richtung zu überlassen.

Schlafplatz:
Die ersten Hundebetten zum Ruhen und Schlafen dürfen recht klein sein. Der Welpe benötigt keine geräumige Liegefläche und fühlt sich auf kleinerem Raum geborgener, da ihm die Begrenzung eine körperliche Orientierung gibt. Bedenken Sie, dass die scharfen Milchzähne gerne eingesetzt werden, um alles zu erkunden. Das Bett sollte daher aus ungiftigem Material und so beschaffen sein, dass keine Verletzungsgefahr besteht, falls daran genagt wird. Als Schlafplatz ist auch eine Box geeignet. Das kann es in den ersten Nächten einfacher machen. Für den Welpen ist die Box, wenn er sie behutsam kennenlernen darf und positive Verknüpfungen dazu hat, wie eine Höhle, was ihm ebenfalls Sicherheit und Geborgenheit vermittelt. Nachts machen sich viele Welpen darin eher bemerkbar, wenn sie ihr Geschäft erledigen müssen, sofern sie durch die Mutter und den Züchter gelernt haben, ihren Schlafplatz nicht zu beschmutzen.

Der Ruheplatz des Welpen tagsüber sollte eine Rückzugsmöglichkeit bieten und nicht mitten im Raum oder dort stehen, wo viel Treiben herrscht. Dennoch sollte er so platziert werden, dass der Welpe Blickkontakt zu seinen Menschen hat und das Geschehen verfolgen kann. Feste und ausgiebige Ruhezeiten sind auch am Tag wichtig, denn Welpen benötigen noch sehr viel Schlaf. Nachts sollte der Welpe keinesfalls alleine ohne menschlichen Kontakt sein. Er hatte in den ersten Lebenswochen ständig die Nähe, Wärme und Geborgenheit der Mutter und der Geschwister. Diesen wurde er entrissen und nun benötigt er die Nähe zu seinen Menschen. Es ist übrigens auch für ältere Hunde unnatürlich, ohne ihre Sozialpartner zu schlafen. Glücklich ist der Hund, insbesondere als schutzbedürftiger Welpe, der bei seinen Menschen im Schlafzimmer nächtigen darf. Er wird deshalb dort auch ruhiger schlafen als ganz alleine in einem anderen Zimmer. Überlegen Sie vorab, ob Sie es gestatten möchten, den Hund - auch später, wenn er ausgewachsen ist - im Bett schlafen zu lassen. Es spricht grundsätzlich nichts dagegen. Allerdings wird es kein Hund verstehen, wenn ihm plötzlich etwas untersagt wird, was vorher völlig selbstverständlich war. Ist der Hund im Bett für Sie in Ordnung, kann der Welpe also in direktem Kontakt zu Ihnen liegen. Damit werden seine Bedürfnisse auch am besten erfüllt. Andernfalls sollten Sie ihm schon in der ersten Nacht nach der Ankunft seinen eigenen, festen Schlafplatz zuweisen.

Transportbox:

Wird der Welpe vom Züchter geholt, gibt ihm der körperliche Kontakt zu den Menschen Sicherheit, auch dann, wenn sie längst nicht so vertraut sind wie die Hunde- und

Menschenfamilie der ersten Lebenswochen. Der Welpe sollte daher keinesfalls alleine in einer Box sitzen müssen. Dennoch ist die frühe Gewöhnung daran, das gilt gleichermaßen für die Transport- und Schlafbox, für spätere Zwecke hilfreich. Verbindet er etwas Positives damit, ist es weniger problematisch, ihn auch während der Autofahrt in einer Hundebox zu sichern. Auch bei Tierarztbesuchen kann sie dienlich sein.

Praxistipp

Eine offene Box im Wohnraum mit einer kuscheligen Decke darin lädt zum Erkunden ein. Legen Sie ein Leckerli hinein oder eine Spur damit bis in die Box direkt vor der Ankunft des Welpen, so weckt das seine Neugier und erzeugt auf spielerische Weise eine angenehme Verknüpfung - ganz ohne Ihr weiteres Zutun. Ist der Welpe das erste Mal darin, wird er gelobt und nochmals mit einem Leckerli belohnt. Bleibt er kurz in der Box, wird auch das gewürdigt. Darauf basierend können Sie die Zeiten später sukzessive ausdehnen und der Aufenthalt darin wird ganz selbstverständlich.

Fellpflege:

Es ist keineswegs nötig, Welpen oder Hunde zu baden. Das ist sogar kontraproduktiv, denn auch hochwertiges Hundeshampoo greift die schützende Fettschicht der Haut an, dadurch wird die Haut empfindlicher oder reagiert gereizt. Muss er dennoch einmal gesäubert werden, genügt einfaches klares Wasser. Eine Bürste ist dagegen selbst für wenig pflegeintensive Hunde mit kurzem Fell ein Muss. Ein weiches Exemplar können Sie nutzen, um den Welpen während dem Kuscheln damit vertraut zu machen. Das irgendwann erforderliche Bürsten wird so mit einer wunderschönen Erfahrung verknüpft.

Spielzeug und weiteres Zubehör:

Für unterwegs gehören Kotbeutel zur Ausstattung. Es gibt kleine Spender, die Sie an der Leine befestigen können und so immer griffbereit haben. Viel Spielzeug benötigt der Welpe nicht. Er soll sich weniger alleine beschäftigen, sondern gemeinsam mit Ihnen. Das fördert die Bindung und gibt Ihnen immer auch die Gelegenheit zur Erziehung sowie für kleine Übungen. Sinnvoll ist ein Kauknochen oder Kauholz. Auch Welpendummies aus ungiftigem Naturkautschuk sind gut geeignet. Achten Sie unabhängig von der Auswahl darauf, dass der Welpe keine Kleinteile verschlucken kann und alle Materialien ungiftig sind.

Praxistipp

Verbote sind gelegentlich notwendig. Effektiver und wirkungsvoller ist es, wenn damit ein Alternativangebot einhergeht. Kaut der Welpe Möbel oder andere unerwünschte Dinge an, können Sie dies mit sanfter

Konsequenz und einem „Nein“ unterbinden und ihm stattdessen den Kauknochen oder das Kauholz geben. Damit lenken Sie das unerwünschte Verhalten in eine geeignete Bahn und erleichtern sich selbst und dem Welpen zudem die kommende Zeit des Zahnwechsels.

Notfallapotheke:
In einem handelsüblichen Verbandskasten ist bereits vieles enthalten, was auch bei kleinen Verletzungen des Hundes brauchbar ist. Selbsthaftendes Verbandsmaterial ersetzt das aufwendige Fixieren von Bandagen mit Klebestreifen. Sinnvoll sind ansonsten ein Desinfektionsmittel wie Betaisodona-Salbe oder -Tinktur, ein Fieberthermometer, eine Zeckenzange, eine Pinzette, eine Schere mit abgerundeter Spitze und Einmalhandschuhe. Legen Sie sich für den Notfall auch die Telefonnummer des Tierarztes oder einer Tierklinik dazu.

3.5 Welpensichere Wohnung

Kindersicherungen für die Steckdosen sind gleichsam bei einem Welpen eine gute Lösung. Es sollten keine Kabel erreichbar herumliegen und für alle Gegenstände, die sonst so herumstehen, überlegen Sie sich idealerweise einen geeigneten Stauraum, damit der Welpe Schuhe und Ähnliches nicht zu seinem Lieblingsspielzeug ernennt. Giftige Pflanzen stellen Sie in eine für den Welpen unerreichbare Höhe oder, sofern häufiger Blätter auf den Boden fallen, entfernen diese.

Teure und schöne Teppiche laden einerseits zum Anknabbern ein, andererseits kann bei einem Welpen jederzeit mal etwas danebengehen oder er erbricht sich. In der ersten Zeit sind diese daher anderweitig verwahrt besser aufgehoben. Treppen sind für Welpen zwar nicht grundsätzlich tabu, bergen aufgrund des noch unausgereiften Bewegungsapparates aber Unfallrisiken. Ein Gitter schafft hier Abhilfe.

Medikamente und Reinigungsmittel sind in Schränken sicher verwahrt. Sind Kinder im Haus, überlegen Sie sich, wo Sie deren Spielzeug für den Welpen unerreichbar deponieren. Denken Sie außerdem an die Sicherheit im Garten. Dieser sollte ausbruchsicher eingezäunt sein und Gefahrenbereiche, wie zum Beispiel ein Gartenteich, sind ebenfalls zu sichern.

4. Der große Tag des Einzugs und die Eingewöhnung

Ist der Tag des Einzugs endlich gekommen, sind die Menschen freudig aufgeregt - und der Welpe weiß gar nicht, wie ihm geschieht. Aus heiterem Himmel wird er seiner Mutter, den Geschwistern, den bekannten Menschen und der vertrauten Umgebung mit ihren Gerüchen und Geräuschen entrissen. Das ist für den Welpen ein einschneidendes Erlebnis. Obendrein wird er in eine völlig neue Umgebung mit unbekannten Geräuschen und Gerüchen verfrachtet und es sind fremde oder weniger vertraute Menschen um ihn herum, die auf ihn einreden, ihn ansehen, ihn streicheln möchten. Er hat nicht die leiseste Ahnung, was die Menschen von ihm wollen und wie er sich nun in der Fremde verhalten soll. Ein mutigerer Charakter wird sich vielleicht gleich aufmachen und die Umgebung erkunden, ein schüchterner Vierbeiner kann zusammengekauert auf dem Boden sitzen.

So schön der Einzug des Welpen also für die Menschen ist, so verunsichernd ist er für das Hundebaby. Da hilft nur, es ihm so einfach und angenehm wie möglich zu machen. Das beginnt bereits bei der Abholung.

4.1 Der Weg ins neue Zuhause

Es kann dem Welpen ungemein helfen, wenn er unter all den fremden Eindrücken einen vertrauten Geruch wahrnehmen kann. Daher bietet sich eine Decke oder ein Tuch mit den Gerüchen der Mutter, der Geschwister und der bisherigen Umgebung an. Das erleichtert sowohl die Heimfahrt als auch den Start im neuen Heim.

Hunde sind zwar im Auto zu sichern, es spricht aber nichts dagegen, den Welpen während dieser aufregenden Fahrt auf dem Schoß zu haben. Ein Handtuch und Küchentücher sollten dabei sein, falls sich der Welpe übergeben muss. Das kann einerseits durch die Aufregung bedingt sein, andererseits ist der Gleichgewichtssinn des Hundebabys noch nicht sehr ausgeprägt, was durch das Schaukeln während der Fahrt verstärkt zu Übelkeit führt. Am besten ist es, wenn der Welpe einige Stunden vor der Fahrt nichts gefressen hat, denn das kann die Übelkeit zusätzlich verstärken. Körperkontakt hilft dem Welpen unterwegs, damit er sich nicht so haltlos fühlt. Beruhigend auf ihn einzureden kann eine Unsicherheit dagegen verstärken, wenn der Welpe dies als Bestätigung seiner Verunsicherung auffasst. Geben Sie ihm einfach körperliche Nähe und Geborgenheit.

4.1.2 Die Ankunft

Nach der Ankunft ist es ratsam, sich eine Weile im Freien aufzuhalten und dem Welpen die Chance zu geben, sich nach all der Aufregung zu entleeren. Diese Gelegenheit sollte er bei einer längeren Fahrt auch in Pausen unterwegs haben. Es kann ein wenig dauern, bis sich der Welpe löst - nun ist zum ersten Mal Ihre Geduld gefragt. Tut er es, loben Sie ihn. Anschließend kann es nach drinnen gehen.

Der Welpe darf, sofern er sich traut, gerne an der Leine eigenständig den Weg durch die Tür laufen. Hat er dagegen zu große Angst, nehmen Sie ihn auf den Arm und tragen Sie ihn hinein. Ist eine Treppe zu überwinden, sollten Sie ihn ebenfalls erst einmal tragen.

Nun setzen Sie ihn am besten im Wohnraum ab und lassen ihn ganz in Ruhe ankommen. Überlassen Sie es ihm, ob er zunächst ruhig sitzen bleibt oder gleich sein neues Reich erforschen möchte. Türen zu anderen Räumen können geschlossen werden, um diese nach und nach im Anschluss zu erkunden. Es sind in einem einzigen Raum so viele Eindrücke aufzunehmen und noch hat der Welpe die Fahrt gar nicht verarbeitet, ganz zu schweigen davon, dass er immer noch nicht weiß, was eigentlich geschieht.

Vermeiden Sie es, den Neuankömmling ständig anzusprechen oder zu sich zu rufen, er soll das Tempo alleine bestimmen. Freuen Sie sich, wenn er von sich aus zu Ihnen kommt, und lassen Sie ihn gewähren, wenn er anfangs die Umgebung erkunden möchte oder sich gleich einen Rückzugsort sucht, um die neuen Eindrücke von dort aufzunehmen. Vermeiden

Sie auch Hektik und auf gar keinen Fall sollten gleich Nachbarn oder Freunde anwesend sein, die den Familienzuwachs begrüßen möchten. Das hat Zeit bis nach der Eingewöhnung. Jetzt soll er erst einmal ankommen dürfen.

Teilen Sie das Heim künftig mit einem besonders mutigen und aktiven Welpen, ist nicht auszuschließen, dass dieser gleich nach der Ankunft das Tischbein mit seinen Zähnen erkundet. Solches Verhalten ist umgehend zu unterbinden, indem Sie ihm einen Ersatz wie den Kauknochen oder das Kauholz anbieten. Strenge oder laute Worte sind dazu überflüssig - bleiben Sie ruhig, freundlich und konsequent: Schieben Sie den Welpen sanft vom Möbelstück weg und geben Sie ihm das Kauspielzeug.

Vielleicht entdeckt der Welpe Futter und Wasser recht bald selbst, andernfalls können Sie ihm beides zeigen, sobald er etwas ausgeglichener ist. Dasselbe betrifft das Zeigen des Ruheplatzes, sofern er es sich nicht schon von alleine darauf gemütlich gemacht hat. Nach der ganzen Aufregung braucht das Hundebaby besonders viel Ruhe, daher nehmen viele Welpen einen etwas abseits gelegenen weichen, gemütlichen Platz schnell an. Der Ruheplatz sollte nur nicht so platziert sein, dass er das Gefühl hat, dort isoliert zu sein. Er soll aus seiner ruhigen Lage heraus einen Beobachtungsposten haben, aber nicht mitten im Geschehen sein.

Praxistipp

Im Moment bestimmt der Welpe zwar sein Tempo selbst, aber lassen Sie sich davon nicht täuschen: Sie beginnen bereits mit der Erziehung, indem Sie einen festen Ruheplatz eingerichtet haben und einen weiteren, an dem er sein Futter und Wasser bekommt. Die ersten Trainingsschritte setzen sich mit dem Zuweisen des Schlafplatzes fort und indem der Welpe Ihre Regeln und Abläufe kennenlernt. Vieles muss sich zunächst sicher auch bei Ihnen etablieren, beispielsweise zu erkennen, wann sich der Welpe erleichtern muss, um ihn dann rasch an einen geeigneten Platz zu bringen, an dem er die Gelegenheit hat. Grundsätzlich sollten Sie das immer tun, wenn er aufwacht und wieder aktiver wird, ebenso nach jeder Mahlzeit oder wenn er viel getrunken hat. Durch Beobachtung lernen Sie zudem, dass der Welpe zwischenzeitlich eine gewisse Unruhe zeigen kann, wenn er muss. Die ersten Schritte der Sauberkeit lernen Sie folglich mit dem Neuankömmling gemeinsam. Ihre Aufgabe ist es, das richtige Timing zu entwickeln. Passiert das Malheur trotz aller Bemühungen zwischendurch in der Wohnung, schimpfen Sie nicht, sondern entfernen Sie es einfach. Wird das Geschäft draußen erledigt, loben Sie dagegen. Der eine lernt schneller, der andere langsamer. Bleiben Sie geduldig und helfen Sie Ihrem Schützling, indem Sie dranbleiben. Die Schließmuskeln entwickeln sich und er erfährt, dass er immer zuverlässig von Ihnen nach draußen gebracht wird, wenn er muss. So lernt er früher oder später, auch mal kurz einzuhalten oder sich rechtzeitig bemerkbar zu machen.

Führen Sie bereits am ersten Tag feste Fütterungszeiten ein. Möchte der Welpe an diesem Tag nicht fressen, ist das nicht schlimm, er wird sicher am nächsten Tag besser angekommen sein und großen Hunger haben. Teilen Sie die Futtermenge für jede Mahlzeit zu und stellen Sie die Schüssel weg, wenn er nicht alles frisst. Das ist ein weiterer Trainingsansatz, bei dem der Welpe lernt, dass Sie gewisse Regeln im Haus aufstellen, und er kann sich auf die Fütterungszeiten einstellen. Auf diese Weise erhält er bereits einen ersten zuverlässigen Rahmen, der Sicherheit und Orientierung gibt.

Vor dem abendlichen Schlafengehen sollte der Welpe noch einmal die Gelegenheit haben, sich zu erleichtern, um ihn anschließend an seinen Platz für die Nacht zu bringen. Wünschen Sie keinesfalls, dass der Hund bei Ihnen im Zimmer schläft, tun Sie sich und ihm einen Gefallen, wenn Sie wenigstens in den ersten Nächten bei ihm schlafen. Nur dann bekommen Sie auch mit, wenn er nachts aufwacht und hinausmuss. Andernfalls gestaltet sich die Erziehung zur Stubenreinheit langwieriger.

Überhäufen Sie den Welpen nicht mit Spielzeug in der Annahme, damit könne er sich beschäftigen und die Ablenkung könne ihm die Eingewöhnung erleichtern. Im Gegenteil erziehen Sie ihn damit in eine unerwünschte Richtung, denn er entscheidet selbst, was er wann tut. Mit dem Heranwachsen kann es dann sein, dass er keinen Grund darin sieht, nun auf einmal Ihren Anweisungen und Anleitungen zu folgen. Gespielt wird gemeinsam, Sie entscheiden, welches Spielzeug Sie nutzen und nach dem Spiel räumen Sie es wieder weg. Das hat zugleich den Vorteil, dass es interessant und spannend bleibt: Steht es immer zur freien Verfügung, wird es für den Hund selbstverständlich. Bleibt es dagegen beachtenswert, lässt es sich auch gezielt zu Trainingszwecken einsetzen. Der Welpe lernt außerdem sofort, dass auch Sie attraktiv sind und er im Spiel toll mit Ihnen interagieren und Spaß haben kann.

Spaziergänge sind zunächst nicht erforderlich, sie würden den Welpen, der in der fremden Umgebung so viele Eindrücke aufnimmt und verarbeiten muss, nur überfordern. Gehen Sie mit ihm nach draußen an einen Ort nahe des Hauses, an dem er sich lösen soll, und lassen Sie ihn diesen in aller Ruhe erkunden. Erledigt er dort sein Geschäft, wird er ausgiebig gelobt und es kann auch schon wieder hineingehen. Behalten Sie diesen Platz vor allem in den ersten Tagen bei, wird er schnell die richtige Verknüpfung herstellen und es klappt immer besser mit der Sauberkeit.

Praxistipp

Legen Sie sich für die Nacht etwas zum Anziehen bereit, damit Sie rasch genug reagieren können, falls Ihr neuer Mitbewohner hinausmuss. Schnell sollte es auch am Morgen direkt nach dem Aufstehen gehen. Lassen Sie sich nicht täuschen, wenn er die erste Nacht vor Erschöpfung durchschläft. Manche Welpen schaffen das tatsächlich, in der Regel kehrt aber mit zunehmender Erholung vom Umzugsstress auch der normale Zyklus wieder ein und in den folgenden Nächten ist an ein Durchschlafen nicht zu denken.

4.2 Den Welpen verstehen

Sorgsam und liebevoll aufgezogene Welpen lernen bereits einige Feinheiten der Kommunikation von der Mutter. Das setzt sich im Spiel und in der Interaktion mit den Geschwistern fort. Beobachten Sie Ihren Schützling vom ersten Tag an genau, lernen auch Sie immer besser, ihn zu verstehen.

Ein eher geduckt laufender oder zusammengekauerter Welpe ist noch sehr verunsichert und muss Selbstbewusstsein aufbauen. Stolziert er dagegen aufrecht und mit erhobener Rute, ist er sehr selbstbewusst und muss eher lernen, zu kooperieren.

Ist die Rute zwischen den Hinterbeinen eingekniffen, zeigt das Unsicherheit, die sich schnell legen kann, wenn nicht mehr alles so fremd ist. Das lockere Wedeln drückt entspannte Freude aus. Gähnen, Schmatzen und das Lecken der Lefzen sind Beschwichtigungssignale. So beschwichtigen sich Hunde selbst, senden aber auch an Sie entsprechende Signale. Nun liegt es an Ihnen, sich selbst und eine Situation zu hinterfragen, um herauszufinden, was den Welpen zur Beschwichtigung bewegt. Gähnen kann, davon abgesehen, auch ein Zeichen der Müdigkeit sein, was Sie situativ erkennen.

Zeigt der Welpe die Zähne, indem er die Lefzen hochzieht, gefällt ihm etwas nicht. Das kann eine Reaktion auf zu starke Bedrängung sein, dann handelt es sich um ein passives Signal, das besagt, dem Welpen ist irgendetwas zu viel. Beobachten Sie genau: Ist er überfordert, darf er das natürlich zum Ausdruck bringen. Behalten Sie es aber im Auge, damit das wachsende und sich entwickelnde Hundebaby nicht lernt, den Ton anzugeben. Gefällt es ihm nicht, dass er etwas ertragen muss, etwa eine Inspektion der Ohren oder der Pfoten, muss das geübt werden. Geht es um ein Spielzeug oder Futter, ist das noch wichtiger, damit er nicht lernt, sein vermeintliches Eigentum aggressiv zu verteidigen. Haben Sie ein solches Exemplar erwischt, sind ganz klare Regeln und deren konsequente Umsetzung erforderlich, wobei der Welpe zugleich ein Alternativverhalten lernen muss. Eine pauschale Trainingsanleitung kann dazu nicht gegeben werden, im Zweifel ist es besser und langfristig einfacher für Sie, bei solchen Problemen frühzeitig einen Experten hinzuzuziehen.

5. Hintergründe zum Training mit dem Welpen

Direkt mit der Ankunft des Welpen beginnt auch dessen Erziehung und Training. Sie weisen den Futter- und Ruheplatz zu, bestimmen die Fütterungszeiten und haben für sich bereits Regeln für das Zusammenleben aufgestellt, die Sie auch sofort anwenden. In den ersten Tagen muss sich der Welpe noch eingewöhnen, was aber kein Freibrief sein kann, dass er Dinge tut, die ihm eigentlich verboten sind. Mit liebevoller Konsequenz erfährt er, dass er keine Möbelstücke anknabbern darf oder was ihm sonst so einfällt - Welpen können sich sehr kreativ zeigen. Draußen bestimmt nicht der Welpe, wo es langgeht, sondern Sie, am anderen Ende der Leine, geben die Richtung und Geschwindigkeit vor.

Der Welpe befindet sich mit etwa acht Wochen, wenn er auszugsbereit ist, in einem neuen Abschnitt der Sozialisierungsphase. Er soll jetzt lernen, welches Sozialverhalten in seiner neuen Familie und Umgebung von ihm erwartet wird. Bisher haben das die Mutter und die Menschen um ihn herum übernommen und ihn durch die Prägung in der Entwicklung vorbereitet. Die wichtigsten Verknüpfungen im Gehirn sind vorhanden und darauf bauen Sie nun auf. Es geht um die Festigung des bisher Erlernten und darum, neue Eindrücke und Reize in das vorhandene Schema zu integrieren.

Der Welpe lernt in der Sozialisierungsphase, die etwa bis zur 12. Woche andauert, gespeicherte Informationen von einer Situation auf eine andere zu übertragen. Dafür sind sehr viele positive Erfahrungen und angenehme Erlebnisse wichtig, denn auch Negatives wird abgespeichert, was sich nachteilig auswirkt. Sie arbeiten deshalb stets mit positiver Bestätigung, niemals mit Strafe. Es ist ebenso wichtig, den Welpen langsam an alles Neue heranzuführen und ihn nicht zu überfordern. Zur Verarbeitung und für ein gesundes Wachstum sind außerdem viel Ruhe und Schlaf notwendig: Was der Welpe lernt, wird im Schlaf nicht nur verarbeitet, sondern auch die entsprechenden Schaltungen im Gehirn werden dann angelegt.

Ist dem Welpen etwas unheimlich, führen Sie ihn behutsam heran, damit er die Erfahrung machen darf, dass ihm keine Gefahr droht. Er lernt schrittweise, dass dies nicht nur für die spezielle Situation und einen speziellen Ort gilt. Reagiert er vielleicht auf den Nachbarn unsicher, und er darf ein positives Erlebnis in dessen Anwesenheit haben, speichert er das. Nach und nach kann er eine solche Information generalisieren - das bedeutet, auch auf andere fremde Menschen anwenden. Dasselbe gilt für einen schreckhaften Welpen, dem ein umherspringendes Kind nicht geheuer ist, der sich vor einem Fahrrad ängstigt oder vor dem Geräusch des Staubsaugers flüchtet. Sorgen Sie für positive Erlebnisse, damit er seine Unsicherheit ablegen kann.

Viele Reize strömen auf den jungen Hund ein und noch hat er nicht viele Erfahrungen, um zu wissen, wie er damit umgehen soll. Die Geborgenheit der Mutter, die ihm stets ein Sicherheitsgefühl vermittelt hat, ist nicht mehr vorhanden und er muss sich mit allem ganz allein auseinandersetzen. Unterstützen Sie ihn und bringen Sie ihm zugleich bei, wie er sich in den verschiedenen Situationen verhalten soll, damit er an Ihrer Seite entspannt durch das Leben gehen kann. Er wird es Ihnen mit unerschütterlicher Treue danken.

Ein weiteres Beispiel: Die erste Fahrt mit dem Auto war anstrengend und mit sehr aufregenden Umständen verbunden. Der Welpe wusste gar nicht, was ihm widerfährt und warum, er war der Situation hilflos ausgeliefert. Nun soll er lernen, das Autofahren ganz normal und keinerlei Aufregung wert ist. Um das Auto schmackhaft und den Aufenthalt darin vertraut zu machen, können Sie ihn immer mal wieder einfach hineinsetzen und innen mit einem Leckerli belohnen, anschließend nehmen Sie ihn wieder heraus und gehen dem gewohnten Tagesablauf nach. Hat er das verinnerlicht, setzen Sie sich ebenfalls ins Auto und schließen die Tür, um ihn erneut zu belohnen. In einem weiteren Schritt starten Sie kurz den Motor. Irgendwann fahren Sie ein kleines Stück. Das können Sie immer weiter ausdehnen. So sammelt der Welpe fortlaufend positive Erfahrungen, verbindet etwas Angenehmes, aber völlig Unspektakuläres mit dem Fahrzeug, bis das Autofahren für ihn zur Selbstverständlichkeit wird.

Ein solches Training mit dem Auto ist selbstverständlich nur sinnvoll, wenn Ihr Welpe ein Problem damit hat. Analog lässt sich das jedoch auf beliebige andere Situationen und Dinge übertragen.

Praxistipp

Achten Sie stets auf eine angemessene Dosierung: Reizüberflutung ist kontraproduktiv und kann empfindlich in der Entwicklung stören, da der Welpe die vielen Eindrücke nicht mehr verarbeiten kann. Das ist zu vermeiden. Ein Zuviel führt oft dazu, dass der Welpe unausgeglichen wird und nur schwer zur Ruhe kommt. Auf Menschen kann das den Eindruck machen, dass er zu wenig ausgelastet sei und mehr gefordert oder ausgepowert werden müsse. Folglich wird dem Welpen noch mehr zugemutet und ein Teufelskreis ist geschaffen. Zielführend und gesünder für den Welpen wäre es, einen Gang herunter zu schalten, ihm mehr Ruhe zu gönnen und ihn mit weniger Herausforderungen zu konfrontieren. Von Anfang an sollten Sie auf ausreichend Ruhephasen achten und stets im Hinterkopf behalten, dass sich ein Baby in Ihrer Obhut befindet, das die Welt in kleinen Schritten kennenlernen muss. Es soll einen gefestigten, ausgeglichenen Charakter entwickeln und sich inmitten aller Umweltreize problemlos zurechtfinden.

6. Trainingsphase 1: Erziehung in den ersten beiden Wochen

Üblicherweise ziehen Welpen mit ungefähr acht Wochen zu ihrer neuen Familie. Die individuellen Erziehungs- und Trainingsschritte hängen immer davon ab, wie viel Sozialisierungsarbeit bereits in den Wochen davor stattfand, was der Welpe bereits kennengelernt hat und natürlich von seinem Wesen, denn ein forscher, aufmüpfiger oder sturer Charakter muss neben den Dingen des Alltags und Zusammenlebens lernen, sich zurückzunehmen, während ein schüchterner oder verängstigter Welpe mehr Selbstbewusstsein aufbauen muss und lernen darf, mehr aus sich herauszugehen.

6.1 Die ersten Trainingsinhalte

Neben den individuellen Herausforderungen im Umgang mit dem Welpen und dem jeweiligen speziellen Lernbedarf gibt es Grundsätzliches, was geübt werden muss. In der ersten Woche geht es quasi um die Basics, das „kleine 1x1" des Miteinanders und das Heranführen an die aktuellen Notwendigkeiten. Je nachdem, wie kooperativ der Welpe ist und welche Erfahrungen er bisher gemacht hat, sind die Themen:

- Gewöhnung an Halsband, Geschirr und Leine
- Leinenführigkeit
- Sauberkeit
- Ruhe- und Schlafplatz
- Futterplatz, Fütterungszeiten
- Tabus kennenlernen

Zu den Tabus zählt alles, was Sie sich weder vom Welpen noch später vom ausgewachsenen Hund wünschen. Dazu einige Beispiele:

- das Anspringen
- seine Zähne am Menschen ausprobieren
- Futter oder Spielzeug verteidigen
- das Anknabbern von Gegenständen
- das Zerren an der Kleidung
- das Betteln, Essen entwenden oder den Mülleimer erkunden

Gelegentlich wird Erziehung gleichgesetzt mit Gehorsamsübungen und Training mit Lerninhalten der Hundeschule, Herausforderungen im Hundesport oder einer Ausbildung zum Gebrauchshund. Auch das sind Erziehungs- und Trainingsinhalte, die aber erst wesentlich später relevant sind. Es spricht kaum etwas dagegen, frühzeitig mit einem Welpen das „Sitz“ zu üben. Welchen Stellenwert es tatsächlich hat, hängt schlicht davon ab, wie leicht oder schwer sich der Welpe mit dem Kennenlernen und Verinnerlichen der von jetzt an üblichen Abläufe und geltenden Regeln tut. Üblicherweise steht in der ersten Woche die Integration des Welpen im Hinblick auf ein harmonisches Miteinander im Vordergrund. Alles Weitere hat Zeit - es sei denn, Sie haben ein kleines lernbegieriges Genie an der Seite.

6.2 Halsband, Geschirr und Leine

Viele Welpen kennen bereits ein Halsband, einige auch ein Geschirr und das Laufen an der Leine. Ist das nicht der Fall, lassen sich trotzdem einige problemlos das Halsband oder Geschirr anlegen. Andere wehren sich dagegen, versuchen, sich die ungewohnten Dinge wieder abzustreifen oder das Geschirr zu zerbeißen. Dann üben Sie mit dem Welpen. Zeigen Sie ihm die Gegenstände, lassen Sie ihn daran schnuppern und berühren Sie ihn damit, während Sie ihn streicheln. Sind die Dinge an sich in Ordnung für den Welpen, legen Sie das Halsband beim ersten Mal nur ganz kurz um, belohnen ihn und ziehen es wieder aus. Analog verfahren Sie mit dem Geschirr. Ist auch das in Ordnung, lassen Sie es etwas länger dran. Sie können ihn ablenken, vielleicht mit einem Spiel oder indem Sie ihn Futter auf dem Boden suchen lassen. So erfahren Welpen in kleinen Schritten schnell, dass mit dem Halsband und Geschirr etwas Angenehmes verbunden ist und beides wird zur Selbstverständlichkeit.

Kennt es der Welpe noch nicht, an der Leine zu laufen, locken und belohnen Sie ihn für die gewünschten Schritte. Sie dürfen auch sanft nachhelfen, aber nicht an der Leine zerren. Klappt es anfangs nicht, tragen Sie ihn zu dem Platz, an dem er sich entleeren soll. Die Gerüche rundherum dürften ihn schnell von der ungewohnten Leine ablenken. Gehen Sie ein paar Schritte mit ihm und lassen Sie ihn alles im Leinenradius erkunden. Keinesfalls soll er nun in eine bestimmte Richtung ziehen, in der er vielleicht einen verlockenden Geruch wahrnimmt. Sie können aber durchaus entspannt mit ihm an der Leine zusammen dort hingehen.

Möchte der Welpe die Richtung bestimmen, sprechen Sie ihn an und locken ihn zu sich. Kommt er dem nach, wird er ausgiebig gelobt und gegebenenfalls belohnt. Tut er es nicht, warten Sie entweder, bis er feststellt, dass er so nicht weiterkommt und sich wieder Ihnen zuwendet, oder Sie versuchen es mit Ansprache und einem sanften Ziehen an der Leine in Ihre Richtung. Klappt beides nicht, nehmen Sie ihn wortlos hoch und tragen Sie ihn nach drinnen. So erfährt er, dass er seinen Kopf nicht durchsetzen kann.

Laufen Sie mit dem Welpen an der Leine und er zieht in eine andere Richtung, wechseln Sie prompt in die entgegengesetzte Richtung und loben, sobald er Ihnen folgt. Folgt er Ihnen nicht gleich, setzen Sie dieses „Spiel“ fort, bis der Welpe aufgibt, seine eigenen Interessen durchsetzen zu wollen. Bleiben Sie zwischendurch gelegentlich stehen. Tut es der Welpe Ihnen gleich, loben und belohnen Sie ihn erneut.

Meist stellen sich aber in den ersten Tagen kaum oder gar keine Probleme ein, bis auf gegebenenfalls die Gewöhnung an die unbekannten Dinge. Dennoch ist es ratsam, schon in den ersten beiden Wochen draußen immer auch eine kleine Übung einzubauen, in der der Welpe lernt, wer die Richtung bestimmt und dass das Ziehen an der Leine nicht erwünscht ist. Gehen Sie immer behutsam vor und achten Sie darauf, dass der Welpe etwas Schönes damit verbindet, wenn er Ihnen an der Leine folgt. Übertreiben Sie es nicht mit dem Üben, sonst verliert er die Lust oder ist überfordert. Es geht anfangs lediglich darum, dass er nicht sofort die Erfahrung macht, dass er Sie an der Leine führen darf. Etabliert sich dies, haben Sie größere Probleme, an der Leinenführigkeit zu arbeiten, als wenn Sie von Anfang an als Team unterwegs sind.

Bellt der Welpe draußen Passanten, Fahrräder, Autos oder Hunde an, wechseln Sie die Richtung oder lenken Sie seine Aufmerksamkeit auf sich. Auch ein solches Verhalten soll sich nicht festigen, um es ihm später wieder mühsam abzuerziehen. Abermals gilt, dass die ersten Tage bei Ihnen in der Regel viel zu aufregend sind, als dass sich ein Welpe bereits derart lautstark äußert, doch sollte er es tun, ist bereits jetzt ein Entgegenwirken genau richtig.

6.3 Hundebegegnungen an der Leine

Häufig sind Welpen in den ersten Tagen noch viel zu schüchtern, um sich einfach fremden Hunden zu nähern. Doch es gibt auch solche, die sofort freudig zu jedem hinlaufen möchten.

Das sollten Sie nicht zulassen; schon gar nicht bei fremden Hunden, die ablehnend reagieren könnten.

Hinweis

Hunde haben eine Individualdistanz und an der Leine ist es üblicherweise der Leinenradius, der den Sicherheitsbereich oder die Privatsphäre des Hundes darstellt. In diesem Radius hat der Mensch die Führung und die Leine beschränkt den Hund in seiner Bewegungsfreiheit. Ein Welpe in der Sozialisierungsphase entwickelt später noch ein eigenes Gefühl für diesen persönlichen Raum, noch lernt er aber die Welt - und sich selbst - erst kennen. Unterschreitet er diese Distanz zu einem fremden Hund, kann er durchaus sehr unangenehme Erfahrungen machen, die ihn prägen und dazu führen, dass er sich künftig bei Hundebegegnungen problematisch verhält.

Der Welpe soll lernen, dass Begegnungen mit anderen Hunden normal, unspektakulär und nebensächlich sind. An der Leine ist er mit Ihnen zusammen unterwegs, Spiel und Spaß mit Artgenossen ist bei anderen Gelegenheiten möglich. Manch ein Welpe zeigt erst in der dritten oder vierten Woche bei Ihnen, wenn er sich richtig eingewöhnt und die Umgebung besser kennengelernt hat, Ambitionen, zu anderen Hunden zu laufen. Dann gilt selbstverständlich dasselbe wie für jene Charaktere, die schon in den ersten Tagen draufgängerischer sind.

Der Grundsatz bei dieser Thematik ist, dass die Hunde letztendlich entspannt aneinander vorbeilaufen können. Ihr eigener Begleiter soll Sie weder in eine Richtung ziehen, weil er toben möchte, noch soll er sich in irgendeiner Form aufregen oder aufgrund schlechter Erfahrungen in der Sozialisierungsphase Angst zeigen.

6.4 Futterplatz und Fütterungszeiten

Idealerweise behalten Sie in der ersten Zeit die bis dahin gewohnten Fütterungszeiten bei. Darauf ist der kleine Organismus eingestellt und es gibt schon genug Neues im Leben des Hundebabys. Die Fütterung sollte immer am selben Ort stattfinden und, wie alles andere im neuen Leben, nicht mit Aufregung verbunden sein. Ist die Freude zu groß oder der Welpe bedrängt Sie gar und springt Sie an, weil er es nicht erwarten kann, an sein Futter zu kommen, ignorieren Sie das Verhalten. Sobald er sich beruhigt hat, stellen Sie ihm die Futterschüssel hin.

Es ist keineswegs nötig, ihm jetzt beizubringen, zu warten, bis Sie mit einem Kommando die Erlaubnis zum Fressen erteilen. Das bringt nur unnötige Spannung in die Angelegenheit. Das Futter ist schließlich für den Welpen und somit soll er auch daran dürfen. Während er frisst bleiben Sie in der Nähe, denn Ihre Anwesenheit soll selbstverständlich sein. Sie dürfen gerne zwischenzeitlich die Futterschüssel mit der Hand berühren oder auch mal hineingreifen, etwas Futter nehmen und ihm direkt aus der Hand geben. Ist das für den Welpen Normalität, ist weniger zu erwarten, dass er Allüren in der falschen Richtung entwickelt und meint, sein Futter vor Ihnen verteidigen zu müssen. Ist die Schüssel leer, nehmen Sie diese weg und stellen sie erst wieder zur nächsten Fütterung gefüllt hin. Hat der Welpe einmal weniger Hunger und frisst nicht seine ganze Portion, räumen Sie die Schüssel ebenfalls weg und geben ihm die gewohnte Portion erst mit der nächsten Fütterung. Sie sollten es nicht stehenlassen, damit er nicht lernt, dass er selbst über sein Futter entscheidet. Grund zur Sorge besteht nur, wenn er längere Zeit nicht fressen mag oder auch anderweitig Auffälligkeiten zeigt, die auf eine Erkrankung hinweisen können. Ansonsten kommt es zwischendurch schon einmal vor, dass der Hunger nicht ganz so groß ist.

6.5 Wach- und Ruhephasen

Welpen brauchen sehr viel Schlaf - an die 20 Stunden am Tag sollten aus Ruhephasen bestehen. Die Wach- und Schlafphasen wechseln naturgemäß noch häufig, wobei die aktiven Phasen wesentlich kürzer sind. Achten Sie schon in den ersten Tagen darauf, sich auf diesen Rhythmus einzustellen und gegebenenfalls den Welpen nach kurzen Aktivphasen auf seinen Ruheplatz zu schicken. Manch einem Hundebaby fällt es in einer Box leichter, zur Ruhe zu kommen, da diese ein wenig von den Umweltreizen abschottet. Ansonsten ist lediglich darauf zu achten, dass der Ruheplatz etwas abseits vom übrigen Geschehen platziert wird, damit der Welpe wirklich ungestört entspannen kann. Tragen Sie gezielt dazu bei, dass ein gewisser Aktivitäts- und Ruhe-Rhythmus eingehalten wird, bedeutet das für den Welpen einen festen Ablauf, auf den er sich einstellen kann. Das gibt ihm einen zuverlässigen Rahmen im neuen Umfeld und er kommt besser zur Ruhe.

Sie können sich selbst ausrechnen, dass bei rund vier Stunden Wachphasen gar nicht so viel Zeit bleibt, viel mit dem Welpen zu unternehmen. Allein daraus ergibt sich, dass längere Spaziergänge in den ersten beiden Wochen gar nicht möglich sind. Sie würden außerdem den noch unausgereiften Bewegungsapparat und Knochenbau überlasten sowie die Aufnahmekapazität überfordern. Mehr als acht bis zehn Minuten am Stück sollte der Welpe noch nicht mit Ihnen unterwegs sein. In diesem Zeitraum ist er bereits genug neuen Reizen und Eindrücken ausgesetzt und eigentlich geht es am Anfang um nichts weiter, als sich zu entleeren, den Welpen mit der direkten Umgebung vertraut zu machen und zusammen mit Ihnen an der Leine zu laufen.

Sucht sich der Welpe übrigens einen anderen Platz zum Ruhen als den zugedachten, lassen Sie ihn gewähren, sofern keine triftigen Gründe dagegensprechen. Eventuell richten Sie dort einen weiteren gemütlichen Platz für ihn ein oder Sie ändern den Standort grundsätzlich, wenn es sinnvoll erscheint. Für den Welpen ist wichtig, dass er zur Ruhe kommt, und wenn das zwei Meter neben seiner Decke oder unter dem Tisch ist, ist das in Ordnung. Ihn gezielt auf einen bestimmten Platz zu schicken, können Sie später noch üben. Den zugedachten machen Sie dem Welpen allenfalls schmackhaft, aber ohne Zwang.

6.6 Sauberkeit

Nach jedem Schlafen, Fressen und Spielen ist es angesagt, dem Welpen Gelegenheit zu geben, sich zu entleeren. Daneben ist es sinnvoll, einen festen Rhythmus einzuhalten - etwa alle zwei Stunden geht es kurz nach draußen, um die Geschäfte zu erledigen. Darauf kann sich der Welpe einstellen und sobald die Schließmuskeln es zulassen, hält er sich auch selbst an diese Zeiten. Noch kann immer mal ein Malheur passieren, aber es wird nach und nach besser klappen.

Nachts müssen Sie etwas austesten. Es gibt Welpen, die länger durchschlafen, dann aber ganz schnell hinausmüssen. Andere haben auch während der Nacht etwa alle zwei Stunden ein Bedürfnis.

Ist der Welpe draußen durch Umweltreize zu abgelenkt und vergisst einfach, dass er noch anderweitige Bedürfnisse hat, ist vielleicht der aufgesuchte Ort ungeeignet und eine ruhigere Stelle hilfreich. Ansonsten hilft nur Übung und am Ball bleiben.

6.7 Alleine bleiben

Noch ist es viel zu früh, das Alleinbleiben mit dem Welpen wirklich zu üben, geschweige denn, ihn tatsächlich alleine zu lassen. Sie legen aber schon in den ersten beiden Wochen einen Grundstein dafür, auf dem Sie aufbauen können. Verlassen Sie in den Ruhephasen des Welpen den Raum und schließen Sie die Tür hinter sich, um gleich darauf ganz selbstverständlich wieder hereinzukommen, ohne dem Welpen Beachtung zu schenken. Die Ruhezeiten sind auch gut dazu geeignet, schnell den Müll hinauszubringen. In den Wachphasen, sofern der Welpe nicht gerade aufgeregt ist, können Sie auch bei einem Gang auf die Toilette die Tür hinter sich schließen und den Welpen kurz alleine draußen warten lassen. Dadurch macht er die Erfahrung, dass es ganz normal ist, wenn Sie nicht immer anwesend sind, und dass es keinerlei Grund zur Aufregung gibt. Bedeutsam ist in dem Zusammenhang lediglich, dass Sie sich wie gewohnt verhalten, wenn Sie Ihren Tätigkeiten nachgehen. Der Welpe bekommt weder Aufmerksamkeit, wenn Sie den Raum verlassen, noch dann, wenn Sie ihn wieder betreten.

6.8 Häufige Probleme: Was tun, wenn ...?

Verhalten	Motivation des Welpen	Richtig reagieren
Anhaltendes Bellen	meint, etwas regeln zu müssen, ist verunsichert, möchte Eindringlinge vertreiben	Hund an die Leine nehmen und aus der Situation herausführen, langfristig Verhalten durch Training umlenken
Futter oder Spielzeug verteidigen	Ressourcensicherung, lässt sich nicht gerne etwas sagen	ruhig, aber bestimmt wegnehmen und weglegen, gegebenenfalls Tausch anbieten, grundsätzlich an der Kooperation und, falls erforderlich, am Dominanzverhalten arbeiten
Anspringen	möchte wie zuvor bei der Mutter „Ihre Lefzen lecken", möchte Sie maßregeln, freut sich überschwänglich (aber respektlos)	abwenden und ignorieren, ruhiges Verhalten belohnen

Kaut Möbel an	Neugier, Forscherdrang, Beschäftigung, Zahnwechsel unterstützen	mit liebevoller Bestimmtheit wegschieben und Kauspielzeug als Alternative anbieten
Zieht an der Leine	kennt die Spielregeln beim Spazierengehen noch nicht, möchte die Richtung bestimmen, orientiert sich zu wenig am Menschen (fehlende Bindung)	stehen bleiben, anlocken, häufige Richtungswechsel, Lob bei entspanntem Nebenherlaufen und Orientierung an Ihnen
Nächtliches Weinen	fühlt sich einsam und unsicher, vermisst Mutter, Geschwister und vertraute Umgebung, braucht in der ersten Zeit verstärkt Ihre Nähe, um sich sicher und geborgen zu fühlen	nicht alleine schlafen lassen, Decke mit Geruch der Mutter ins Hundebett oder die Box legen
Unsauberkeit	Schließmuskel funktionieren noch nicht so gut, muss die neuen Regeln erst verinnerlichen	regelmäßig nach draußen gehen, festen Platz zum Lösen aufsuchen, nach dem Schlafen, Fressen und Spielen hinausgehen

Tabelle 2: Häufige Probleme: Was tun, wenn …

7. Konsequenter Umgang mit dem Welpen

Die Ausführungen zum konsequenten Umgang beziehen sich nicht nur auf das Welpenalter. Allerdings soll deutlich werden, wie wichtig es ist, in den ersten faszinierenden Wochen mit dem Hundebaby nicht nachlässig zu sein. Auch die Mutter stellt klare Regeln auf, die für alle Welpen gelten. Sie korrigiert von Anfang an Fehlverhalten, lobt das richtige und gewünschte Verhalten und ignoriert Aufdringlichkeit sowie Aufmüpfigkeit. Ein kleines Hundebaby weiß schließlich nicht, dass es anderen wehtut, wenn es mit seinen spitzen Zähnen in die Haut zwickt, es weiß nicht, dass der Aufenthalts- und Schlafplatz sauber bleiben soll und es kann noch gar nicht abschätzen, wann es sich angemessen und wann rüpelhaft verhält - ob der Mutter oder den Geschwistern gegenüber.

Ebenso muss der Welpe lernen, wie das Leben zusammen mit Menschen funktioniert, wie er sich hier zu verhalten hat. So sehr es verlockend und aus menschlicher Sicht verständlich ist, das Hundebaby zu verhätscheln und zu denken, für die Erziehung ist immer noch genug Zeit, haben letztendlich weder die Menschen noch der Hund etwas davon: Welpen erfahren frühzeitig durch die Mutter, dass es Grenzen gibt, und diese setzt die Mutter durch. Das gibt dem Nachwuchs ein Sicherheitsgefühl und steigert auch das Selbstbewusstsein, denn die Welpen wissen, in welchem Rahmen sie agieren dürfen und orientieren sich daran. Sie wissen auch, dass die Mutter immer ein Auge auf sie hat. Das gibt ihnen die Gewissheit und Freiheit, sich im vorgegebenen Rahmen unbeschwert auszutesten und zu erproben. Andernfalls wären die Welpen einem ständigen Unsicherheitsfaktor ausgesetzt, in welchen Situationen sie sich denn wie verhalten sollen.

Dasselbe muss sich beim Menschen fortsetzen. Es fördert die Entwicklung und stabilisiert die Bindung zwischen dem Welpen und den neuen Besitzern. Sie erarbeiten sich mit Ihrer Kompetenz und Konsequenz eine solide Vertrauensbasis, da Sie sich dem Welpen gegenüber als souverän erweisen. Darf der Welpe hingegen anfangs Dinge, die später unerwünscht sind oder wurde freches, aufmüpfiges Verhalten zunächst belächelt und auf einmal finden es die Menschen nicht mehr lustig, verunsichert das. Zudem wachsen und entwickeln sich Welpen schnell, auch das Gehirn. Was in der Sozialisierungsphase etwa zwischen der achten und zwölften Lebenswoche nicht gelernt und im Gehirn entsprechend abrufbar gespeichert wurde, ist später schwerer zu etablieren.

Welpen bringen zwar individuelle Wesenszüge und Veranlagungen mit, die Anpassung an die Lebensbedingungen und die Erziehung durch den Menschen formen aber den Charakter mit. Auch dafür ist die Sozialisierungsphase eine besonders prägende Zeit. Es ist außerdem im Hinblick auf die weiteren Entwicklungsphasen wichtig, eine solide Basis zu schaffen, denn die Rangordnungsphase und die Pubertät wirbeln alles noch einmal gründlich durcheinander. Ein bisher zurückhaltender Welpe möchte vielleicht plötzlich die Welt erobern und ein bisheriger Draufgänger fremdelt überraschend. Die Welpen testen mit zunehmendem Alter auch immer ihre Grenzen neu aus. Das erfordert vom Menschen viel Feingefühl und Geduld sowie die konsequente weitere Umsetzung der bisherigen, schon in den ersten beiden Wochen etablierten Regeln. Diese vermitteln auch in den turbulenteren Zeiten weiterhin Orientierung und Stabilität, je besser der Welpe sie zuvor verinnerlicht hat.

Manch ein Welpe scheint alles umgehend zu verstehen und umsetzen zu können, andere sind etwas langsamer, einige zeigen sich nicht so kooperativ. Das ist teilweise rassebedingt, teilweise einfach eine Sache der Persönlichkeit. Es gibt kleine Wirbelwinde, die mit ständig neuen kreativen Ideen überraschen und zurückhaltende, genügsamere Charaktere mit weniger Erkundungsdrang. Keine Charaktere und keine Persönlichkeiten sind einfacher oder schwerer im Umgang an sich. Es kommt immer darauf an, ob der Welpe, die Menschen und das Umfeld zusammenpassen und es geht immer darum, dass der Welpe gefördert wird. Jeder noch so draufgängerische Welpe ist trotzdem noch ein Baby und auf die fürsorgliche Nähe seiner Menschen angewiesen. Das trifft auf einen schüchternen Vertreter gleichermaßen zu, wobei es bei ihm etwas mehr Animation erfordert, um ihn aus der Reserve zu locken.

Für jeden Welpen, unabhängig von seinem Charakter, ist das grundsätzliche Thema die Integration in das Familienleben und die Abläufe von Beginn an. Er wird in sein neues „Rudel“ eingegliedert und erhält die volle Unterstützung dabei, sich zurechtzufinden. Das bedeutet eben auch, dass er behutsam, aber konsequent an alles herangeführt wird und ihm aufgezeigt wird, was erlaubt oder gar erwünscht ist und was nicht. Das funktioniert am besten durch positive Bestätigung immer dann, wenn der Welpe in den Augen der Menschen etwas richtiggemacht hat. Überschreitet er seine Grenzen, wird sein Verhalten ignoriert oder korrigiert, wobei immer ein Alternativverhalten aufgezeigt werden sollte. Positive Bestätigung (Lob und/oder Belohnung) erhält der Welpe ebenso, wenn er von sich aus gewünschtes Verhalten zeigt, ohne dass er dazu aufgefordert wurde.

7.1 Hundepsychologie: Das Wesen des Welpen berücksichtigen

Lernen Sie von Ihrem Welpen: Es ist Ihre Aufgabe, den Welpen an sein neues Leben heranzuführen - für ein funktionierendes Miteinander. Sie setzen die Aufgabe der Prägung und Sozialisierung fort, die zuvor von der Mutter erfüllt wurde.

Grundsätzlich ist ein liebevoller Umgang mit dem Hund, egal in welchem Alter, die beste Umgangsform. Dennoch erfordert manch ein Charakter auch mal etwas nachdrücklichere Korrekturen, während bei einem anderen schon ein Blick genügt, der ihm sagt, dass zum Beispiel der Mülleimer tabu ist.

Versetzen Sie sich in den Hund und seine bisherigen Lebenserfahrungen im Zusammenleben mit der Mutter und den Geschwistern. Die Hundemama schimpft nie, weist ihren Nachwuchs nie lautstark zurecht, sie bestraft nie, sondern korrigiert. Dazu nutzt sie vor allem ihre Mimik, korrigiert aber auch körperlich. Ein Stups in die Seite, genau im richtigen Moment ausgeführt, zeigt dem Welpen deutlich, dass er einen Schritt zu weit gegangen ist. Zeigt er sich anschließend „einsichtig", also unterwürfig und sendet der Mama Beschwichtigungssignale, wird er ausgiebig darin bestätigt - jedoch nicht aufgeregt lautstark, sondern körperlich durch Ablecken (Streicheln) und das Zulassen der körperlichen Nähe (Kuscheln).

Die Hundemama geht stets maßvoll vor und korrigiert liebevoll, wenn das völlig ausreichend ist. Beißt ihr der Nachwuchs mit seinen spitzen Zähnen übermütig - und schmerzhaft - ins Ohr, wird sie das deutlicher berichtigen und aufzeigen, dass solches Verhalten ein absolutes Tabu ist.
Für den Welpen beziehungsweise aus dessen Sicht ist es völlig widernatürlich und unverständlich, wenn er auf einmal seine Zähne beim Menschen einsetzen darf, er diesen aber zugleich als souveräne Führungsperson akzeptieren soll. Wird es gestattet, sieht er den Menschen als Spielzeug.

Er hat nie die Erfahrung gemacht, geschimpft oder jauchzend gelobt zu werden. Statt Strafe kannte er bisher nur die immer angemessene Korrektur, die ohne viel Aufhebens stattfand, oder auch die Ignoranz durch die Mutter. Im Kreis seiner

Geschwister konnte er einfach ein Hundebaby sein und sich spielerisch austesten. Auch die Geschwister haben ihm zu verstehen gegeben, wenn er zu grob war, und er durfte selbst die Erfahrung sammeln, wie unangenehm oder schmerzhaft es sein kann, grob behandelt oder von den Babyzähnen gezwickt zu werden.

Das Austesten unter Geschwistern fehlt dem Welpen jetzt, ebenso der vertraute Umgang durch die Mutter in der verständlichen Hundesprache. Stattdessen reden Menschen auf ihn ein und erklären ihm seine neue Welt auf ganz ungewohnte Weise. Begeben Sie sich ein wenig auf die Ebene des Welpen, setzen Sie die Erziehung ähnlich fort, wie es die Mutter - mit großem Erfolg - bisher tat, versteht er wesentlich besser, was von ihm erwartet wird. Zerrt er also an Ihrem Hosenbein, greifen Sie sanft über die Nase und unterbinden das Verhalten, indem Sie ihn wegschieben. Ein klares „Aus", „Nein" oder „Tabu" darf diese liebevolle, aber konsequente Korrektur begleiten. So festigen sich Abbruch-Kommandos im Laufe der Zeit ganz von selbst. Hat er losgelassen, wird der Welpe gestreichelt und versteht das als Bestätigung und Lob.

Abbruch-Kommandos müssen keinesfalls laut und streng ausgesprochen werden; der Welpe hat ausgezeichnete Ohren. Es genügt völlig, ihm sein Fehlverhalten aufzuzeigen und, tatsächlich ganz nebenbei, eine Verknüpfung zu einem Abbruch-Kommando herzustellen. Hat er einen Schuh erwischt und knabbert daran herum, verfahren Sie ebenso und nehmen den Schuh, begleitet von dem Kommando, ohne viel Aufhebens weg. Zeigen Sie dann dem Welpen sein Kauspielzeug, damit darf er sich nach Herzenslust vergnügen, während andere Gegenstände für ihn nicht erlaubt sind. Entscheidet er sich dafür, wird er, erneut ohne Zögern und Aufgeregtheit, gelobt. Werden Sie niemals grob oder gar brutal. Das ist erstens nicht angemessen, zweitens zerstört es das Vertrauensverhältnis. Im Übrigen möchten Sie auch nicht, dass Ihr Welpe grobes Verhalten von Ihnen lernt und schließlich Ihnen selbst oder anderen gegenüber anwendet.

Trainingsstipp

Sich in den Hund hineinzuversetzen hilft, ihn besser zu verstehen, auf seine Bedürfnisse einzugehen und so mit ihm umzugehen, wie er es versteht. Das trifft für das Welpenalter zu, aber auch für erwachsene Vierbeiner, die eine ganz eigene Sicht der Dinge haben, bisweilen triebgesteuert, sexuell motiviert oder auch zwecks Ressourcensicherung. Betrachten Sie das Geschehen aus der Sicht des Hundes, erschließt sich Ihnen eher die Motivation eines bestimmten Verhaltens als die menschliche rationale Sicht der Dinge. Indem Sie die Ursache erkennen, lassen sich Probleme sowohl im Welpenalter als auch später einfacher lösen. Kommunizieren Sie dann auch noch so, wie es Ihr Schützling am besten versteht, können Sie zu einem einzigartigen Team zusammenwachsen. Sie dürfen versichert sein, dass auch Ihr Hund, schon im Welpenalter, dasselbe umgekehrt versucht: Er beobachtet Sie, fühlt sich in Sie hinein, versucht, Ihre Stimmung zu erspüren, lernt die Art Ihrer Kommunikation und ist bemüht, sich darauf einzulassen. Ihr Begleiter freut sich ebenso wie Sie, wenn sich das Zusammenleben reibungslos gestaltet. Sie stellen zwar die grundsätzlichen Regeln auf, aber die Art und Weise, wie Sie diese vermitteln und inwieweit Sie dabei die natürlichen Bedürfnisse und Motive Ihres Hundes berücksichtigen, wirkt sich maßgeblich auf den Erfolg im Training und langfristig auf die Bindung aus.

8. Trainingsphase 2: Die dritte und vierte Woche bei Ihnen

Erst ging es nur darum, den Welpen ankommen zu lassen. Im Anschluss haben Sie sofort begonnen, ihn an die Regeln des Zusammenlebens heranzuführen. Der Welpe hatte Zeit, sich zu orientieren, kennt inzwischen die Abläufe und seine Fütterungszeiten, hat seine nähere Umgebung erkundet, die neuen Menschen an seiner Seite sind vertrauter, Geräusche und Gerüche sind ebenfalls nicht mehr so fremd. So viel ist auf das Hundebaby, der gewohnten Umgebung, der Mutter und den Geschwistern entnommen, an neuen Eindrücken eingestürmt. Sicher haben Sie Ihr Bestes getan, ihm die Eingewöhnung zu erleichtern, ihm Sicherheit und Geborgenheit zu vermitteln. Auf dieser Basis können Sie einen Schritt weitergehen.

Hinweis

Die Eingewöhnung gestaltet sich bei jedem Welpen anders, je nach Charakter und Umgebung. Das betrifft auch die Dauer: Der eine kommt recht schnell an und arrangiert sich, ein anderer braucht einige Tage oder auch eine bis zwei Wochen länger. Die Trainingsinformationen sind daher nicht fix in einem zeitlichen Rahmen zu betrachten, sondern richten sich immer auch danach, wie weit der Welpe ist und wie schnell er sich ohne Überforderung mit etwas Neuem auseinandersetzen kann. Hinzu kommt, dass kleine Rassen schneller in der Entwicklung sind als große, sie werden früher geschlechtsreif und früher erwachsen. Die Altersangaben sind daher als grobe Richtwerte zu verstehen und aus diesem Grund zudem in Trainingsphasen unterteilt, um aufzuzeigen, wie das Training und die Erziehung Schritt für Schritt aufeinander aufgebaut und erweitert werden.

8.1 Umwelttraining und weiterführende Sozialisierung

Erinnern Sie sich: In den ersten Lebenswochen hat der Welpe in Gesellschaft der Mutter und Geschwister die ersten Lektionen des Zusammenlebens erlernt, langsam angefangen, seine nähere Umgebung zu erkunden und sich spielerisch mit seinen Geschwistern ausgetestet. Im nächsten Lebensabschnitt kam er zu Ihnen und musste sich ganz neu orientieren, diesmal auf sich alleine gestellt. Er musste ankommen, sich eingewöhnen, neue Menschen und Eindrücke der neuen Umgebung kennenlernen und verarbeiten, und er wurde mit neuen Regeln des Zusammenlebens konfrontiert, durch Sie an diese herangeführt.

Nun wird seine Welt wieder ein bisschen größer. Er hat sich körperlich weiterentwickelt und kann dementsprechend ein wenig länger draußen mit Ihnen unterwegs sein. Sie können den Radius der Spaziergänge etwas ausdehnen und dadurch lernt der Welpe auch die weitere Umgebung besser kennen, wobei das erneut mit bisher unbekannten Eindrücken einhergeht.

Trainingsstipp

Bewahren Sie immer die goldene Mitte: Lassen Sie den Welpen einerseits schrittweise mehr entdecken, und geben Sie ihm andererseits ausreichend Ruhephasen und Gelegenheit zur Verarbeitung alles Erlebten, um ihn nicht zu überfordern.

Das Ziel ist in dieser Trainingsphase, den Welpen mit Begegnungen der unterschiedlichsten Art zu konfrontieren und ihm zu zeigen, dass fremde Menschen keine Gefahr für ihn darstellen, wenn er an Ihrer Seite ist. Straßenverkehr, hupende Autos, Wetterbedingungen unterschiedlichster Art, vielfältige Umgebungen und Untergründe warten in der großen weiten Welt auf ihn. Draußen gibt es ebene Flächen, Abhänge, Hügel, in der Stadt stehen riesengroße Häuser, es gibt Züge und Busse, LKWs und Traktoren, tobende Kinder auf dem Spielplatz, Fahrstühle, Brücken und viele unbekannte Tiere in der Natur.

8.2 Die Sache mit dem Tierarzt

Haben Sie in der ersten Zeit „Arztspiele" mit Ihrem Welpen gemacht, indem Sie in ruhigen Minuten die Ohren und Pfoten untersuchten, ihm ins Maul geschaut haben, vielleicht auch mit fremden Gegenständen an seinem Körper waren, wie es der Tierarzt mit dem Stethoskop tun wird? Wenn nicht, ist es an der Zeit, den Welpen auch darauf vorzubereiten, denn ein Tierarztbesuch steht unweigerlich vor der Tür - die Nachimpfung wird fällig und es schadet nie, in diesem Alter einen professionellen allgemeinen Check durchführen zu lassen. Haben Sie das bereits geübt, setzen Sie es fort: Ein Tierarztbesuch ist immer aufregend, es riecht komisch und ein fremder Mensch hantiert einfach an dem Welpen herum. Ideal ist es, wenn Sie dem Tierarzt vor dem eigentlichen Termin bereits einen Besuch abstatten. Das gibt dem Welpen Gelegenheit, die Umgebung und Menschen dort schon einmal kennenzulernen, ohne dass etwas mit ihm gemacht wird. Eine solche entspannte Erfahrung, vielleicht von Leckerli und Streicheleinheiten gespickt, kann eine positive Verknüpfung mit der Umgebung erzeugen. Das erleichtert bei einigen Welpen spätere erforderliche Tierarztbesuche ungemein.

8.3 Fremde Menschen können komisch sein

Selbst dann, wenn Ihr Welpe aufgeschlossen ist und neugierig auf fremde Menschen zugeht, gibt es einige, die merkwürdig wirken und verunsichern können. Menschen sind unterschiedlich groß und breit, treten unterschiedlich forsch auf, sind unterschiedlich gekleidet, haben manchmal tiefe Stimmen, manchmal höhere, Kinder können unruhig und hektisch sein oder schreien, manche Menschen haben eine Behinderung oder ein Gebrechen und bewegen sich daher ungewöhnlich. Daran muss sich jeder Welpe gewöhnen - egal, wie sich die Menschen rundherum geben und bewegen, es hat nichts mit ihm zu tun und ist ganz normaler Alltag.

Ein kleiner Draufgänger muss zudem lernen, dass er nicht auf jeden Menschen zustürmen darf. Das ist ebenso respektlos wie umgekehrt - das Bedrängen des Welpen durch fremde Menschen und Hunde. Das gilt insbesondere, da der Welpe erwachsen wird und dann nicht mehr das kleine, niedliche Wesen ist. Die Körperkraft nimmt zu, der Kiefer wird kräftig, die Krallen ebenso - und es gehört sich einfach nicht. Jeder Welpe muss also lernen, Menschen in der Umgebung als selbstverständlich hinzunehmen.

Sie haben diesbezüglich gleich eine zweifache Aufgabe, denn Sie müssen einige Menschen unweigerlich miterziehen: Der Anblick eines süßen Welpen veranlasst nicht selten, sich sofort zu ihm herunterzubeugen und ihn zu streicheln. Dieses über den Hund beugen und von oben anfassen ist aus Hundesicht eine Bedrohung! Hunde lernen zwar, es zu dulden, aber kein Welpe sollte derart bedrängt werden. Jeder Mensch hat zunächst Sie zu fragen, ob er Ihren Hund streicheln darf. Noch dreister verhalten sich manche Zeitgenossen, wenn sie einem fremden Hund einfach etwas zu Fressen geben.

Hinweis

> Sie dürfen an dieser Stelle vehement einschreiten und Distanz zwischen einen fremden Menschen und Ihren Welpen bringen. Erklären Sie gerne die Hintergründe aus Hundesicht und was das eigenmächtige Füttern angeht, kann es wirklich gefährlich sein: Nicht alle Menschen sind Hunden gegenüber freundlich gesonnen und manch ein Vierbeiner verträgt aufgrund einer Allergie oder einer Erkrankung nicht jedes Futter. Außerdem trainieren Sie später noch mit Ihrem Hund, dass er unterwegs nichts aufnehmen darf, und sei es noch so verlockend. Sie teilen das Futter zu, das gilt auch anderswo. Sollte draußen etwas herumliegen, könnte das, davon abgesehen, immer auch ein Giftköder sein.

Ihr Einschreiten und das Wahren der Distanz zwischen fremden Menschen und Ihrem Welpen lehrt ihn, dass Sie alles unter Kontrolle haben und er sich nicht selbst darum kümmern muss, nicht zu sehr bedrängt zu werden oder sich dem hilflos ausgeliefert zu fühlen. Dennoch soll er natürlich ebenso lernen, sich mit fremden Menschen zu arrangieren. Das geschieht bestenfalls immer in Absprache mit Ihnen. Sie kommen ohnehin unterwegs mit einem niedlichen Hund an der Seite ins Gespräch und treffen sicher auch Nachbarn oder Bekannte. Nach der Eingewöhnung spricht auch nichts gegen den gelegentlichen Besuch von Freunden und Verwandten, die es vermutlich kaum erwarten können, den Familienzuwachs endlich kennenzulernen.

Ihnen bekannte Menschen und solche, mit denen Sie unterwegs in ein freundliches Gespräch verwickelt sind, eignen sich ideal zum Üben mit dem Welpen. Zur Kontaktaufnahme sollten diese sich stets in die Hocke begeben und den Hund locken, ein Leckerli kann bei schüchternen Welpen hilfreich sein. Geht er von sich aus auf sein Gegenüber zu, darf er ihn beschnuppern und dann auch gestreichelt werden - vorzugsweise von unten kommend seitlich am Hals, nicht von oben aus über den Kopf. Sind ihm fremde Menschen suspekt, darf er sie einfach aus sicherem Abstand an Ihrer Seite beobachten und den Geruch aufnehmen - dazu braucht es keine direkte Nähe. Geht er zu forsch auf andere Menschen zu, bringen Sie den Welpen hinter sich und entschleunigen Sie die Situation. Er darf all Ihre Freunde begrüßen, aber mit gebührendem Respekt, wie er auch Ihrem Welpen entgegengebracht werden soll.

8.3.1 Kurzinformation zu Begegnungen mit fremden Menschen

- Der Welpe soll lernen, dass Menschen unterschiedlich aussehen, unterschiedliche Stimmen haben und unterschiedliche Verhaltensweisen an den Tag legen.
- Er soll das alles kennenlernen und offen mit Begegnungen umgehen, sollte aber langsam herangeführt werden.

- Üben Sie gezielt mit Nachbarn, Freunden und Bekannten, die er bisher noch nicht gesehen hat, auch mit Kindern.
- Unterwegs sollte der Welpe nicht übermäßig behütet werden, Sie dürfen aber Grenzen setzen, wenn er bedrängt wird.
- Aus hundepsychologischer Sicht verhalten sich Menschen bedrohlich, die sich über den Hund beugen und ihn von oben anfassen, besonders, wenn sie dabei auch noch lächeln oder grinsen (Zähne fletschen). Das können Sie nicht immer verhindern - es ist deshalb sinnvoll, wenn der Welpe lernt, dies zu tolerieren, jedoch schrittweise in seinem eigenen Lerntempo.

8.4 Viele neue Eindrücke

Am Straßenrand steht eine Mülltonne, an der nächsten Ecke flattert eine Fahne im Wind, seitlich von Ihnen raschelt etwas im Unterholz, irgendwo klingelt ein Telefon, Sie begegnen den unterschiedlichsten Tieren, unzählige Gerüche strömen auf den Welpen ein. Hinzu kommen Autos, Fahrradfahrer, Skater, Ball spielende Kinder, Menschen mit Regenschirmen, Einkaufstaschen, Kinderwagen, Gehstöcken und mehr. Der Welpe muss sich an vielerlei Untergründe gewöhnen und auch erfahren, dass mal die Sonne scheint, mal ein Regenschauer die Spaziergänge begleitet und dass es draußen mal hell und mal dunkel ist. Sturm ist ganz schön aufregend, Schnee und Eis sind für viele Welpen ebenfalls völlig neu.

Lassen Sie dem Kleinen Zeit, alles zu erkunden, zu beobachten, die Eindrücke aufzunehmen. Bei sehr schüchternen Welpen können Leckerli oder das Lieblingsspielzeug helfen, die Situation aufzulockern. Im Idealfall üben Sie dosiert:

Suchen Sie einen Tierpark auf, besuchen Sie einen See mit Enten, fahren Sie in einen Wald oder was sich eben in Ihrer Umgebung anbietet. Der Welpe soll erfahren, dass es viele andere Tiere mit spezifischen Gerüchen gibt. Ist eine freundliche Katze in der Nachbarschaft, darf er auch diese gerne in einer kontrollierten Situation kennenlernen.

An einem anderen Tag geht es an einen belebten Platz in der Stadt, am nächsten darf er das Treiben auf einem Spielplatz beobachten, auch eine kurze Fahrt mit Bus und Bahn trägt dazu bei, den Welpen sukzessive mit Umweltreizen und Situationen bekannt zu machen. Gehen Sie bei jedem Wetter kurz mit ihm vor die Tür, um ihn auch damit zu konfrontieren. Es geht darum, dass ihm all das vertraut wird, was ihm im künftigen Zusammenleben mit Ihnen begegnet und ihn an Umweltreizen begleitet. Wie immer gilt in der ersten Zeit auch diesbezüglich: Der Welpe soll positive Erfahrungen sammeln können. Noch sollten die Ausflüge wirklich kurz sein, um ihn nicht zu überfordern. Eine neue Situation am Tag genügt völlig. Anschließend braucht Ihr Hundebaby wieder viel Ruhe, um alles Erlebte verarbeiten zu können.

8.5 Treppen steigen

Oft heißt es, Welpen dürfen keine Treppen steigen, da es den im Wachstum befindlichen Bewegungsapparat schädigen könnte. Das ist insofern korrekt, dass kein Welpe mehrmals täglich viele Treppen selbst bewältigen sollte. Wohl aber soll er auch frühzeitig mit Treppen vertraut werden - das gehört zum Training. Während Sie ihn in den ersten Tagen bevorzugt tragen, um ihm nicht zu viel auf einmal zuzumuten, darf er in der jetzigen Sozialisierungsphase durchaus die ersten eigenen Versuche anstellen.

Möchte er es von sich aus versuchen, gestatten Sie es ihm unter Aufsicht: Er soll nicht abrutschen und sich erschrecken oder gar verletzen. Das betrifft besonders die Treppe abwärts. Scheut er sich zunächst, locken Sie ihn mit einer Leckerei bis an die Treppe heran und belohnen ihn. Ist das selbstverständlich geworden, legen Sie die Belohnung im nächsten Schritt auf die Stufe. Schafft er es nicht gleich, sich sein Leckerli von der ersten Stufe zu holen, helfen Sie ihm, indem Sie es etwas höher direkt an die Stufe halten, sodass er noch drankommt, ohne hochzuklettern, oder helfen Sie ihm beim Erklimmen der ersten Stufe. Sie können ihn auch hochheben und direkt vor das Leckerli auf die Stufe setzen. Von dort aus kann er sich neu orientieren und Sie können sich schrittweise nach vorn arbeiten. Manch ein Welpe schafft das beim ersten Mal mit Bravour, ein anderer benötigt einige Tage Übung.

8.6 Das Erfolgskonzept für einen glücklichen Welpen

Welpen sind unbedarft und an sich bereits glücklich, wenn sie sich eingewöhnt haben, in ihrem neuen Heim wohlfühlen und sich eng an ihren Menschen orientieren können. Das erfordert die Anleitung durch den Menschen, der ihm sein neues Reich Schritt für Schritt näherbringt und ihm durch Regeln einen sicheren Rahmen bietet, damit er weiß, was von ihm erwartet wird und was unerwünscht ist. Ein wirklich glücklicher Welpe ist der, der seinem Menschen vertraut, der sich eng an ihn binden kann und dem geholfen wird, die Welt in einem immer größeren Radius zu entdecken, ohne ihn zu überfordern.

Feste Fütterungs-, Ruhe- und Auslaufzeiten machen den Tagesablauf für den Welpen berechenbar und er kann sich ganz den vielen neuen Eindrücken widmen, die auf ihn einstürmen. Helfen Sie Ihrem Welpen, wann immer er Ihre Unterstützung benötigt, fördern Sie ihn in seiner Entwicklung, führen Sie ihn stets an neue Dinge und Situationen in der Umgebung heran. Lassen Sie ihn so viel wie möglich selbst beobachten und erkunden, lassen Sie ihn sich ausprobieren, aber setzen Sie Grenzen, wo es zur Überforderung kommt oder wenn es die aufgestellten Regeln gebieten.

Bleiben Sie immer konsequent und liebevoll, arbeiten Sie mit positiver Bestätigung statt mit Strafe oder lautem Schimpfen. Versetzen Sie sich zwischendurch immer wieder in den Welpen und seine Entwicklungsphasen, denken Sie daran, wie die Mutter ihren Nachwuchs geprägt und erzogen hat, und tun Sie Ihr Bestes, dies fortzusetzen.

Ausgelassenes Spiel trägt dazu bei, situativen Stress abzubauen, der durch so viel Neues entstehen kann, und ausreichend Ruhephasen dienen der Verarbeitung der Reize und des Erlebten.

Mit vielen kleinen Trainings- und Erziehungsschritten, die aufeinander aufbauen, lasten Sie Ihren Welpen körperlich und geistig aus, was zu einem ausgeglichenen Wesen beiträgt. Je besser Ihnen dies alles in der - zugegeben oft anstrengenden - Anfangszeit gelingt, umso glücklicher gestaltet sich letztendlich Ihr Zusammenleben. In diesen ersten Wochen legen Sie den Grundstein für das langjährige Miteinander. Sie müssen gerade zu Anfang wirklich viel investieren. Es sind oft viele Kleinigkeiten zu üben und zu trainieren, während Sie der Welpe vielleicht hier und da, trotz aller Bemühungen, nochmal mit einer Hinterlassenschaft in der Wohnung, einem angekauten Möbelstück oder einem zerstörten Schuh beglückt. Bleiben Sie ruhig und geduldig - es ist ein Hundebaby, das noch so viel lernen muss.

Doch der Welpe wächst schnell und Sie werden sich später mit erfülltem Herz an diese ersten Wochen zurückerinnern. In der Sozialisierungsphase bereiten Sie den Welpen entscheidend auf das Leben vor und Sie haben später weniger Mühe mit dem Training, wenn Sie das umfangreiche Trainingsprogramm in den ersten Wochen wohl dosiert in vielen kleinen Schritten mit Ihrem Vierbeiner absolvieren.

Kommen Sie an irgendeiner Stelle nicht weiter oder stellen sich Probleme ein, scheuen Sie sich nicht davor, professionelle Hilfe in Anspruch zu nehmen: Je früher eventuelle Probleme angegangen werden, umso einfacher lassen sie sich in der Regel beheben. Auf jeden Fall wird es wesentlich langwieriger und schwieriger, unerwünschte Verhaltensweisen abzutrainieren und Fehlprägungen zu korrigieren, wenn sie sich erst einmal im Hund und im Miteinander gefestigt haben.

8.7 Was tun bei Negativerfahrungen?

Nicht alles ist vorhersehbar und bei aller Umsicht kann es vorkommen, dass Ihr Welpe auch negative Erfahrungen macht. Er kann sich vor etwas erschrecken, eine unschöne Begegnung mit einem anderen Hund haben, versehentlich getreten werden und vieles mehr. Selbstverständlich muss er auch lernen, dass nicht alles im Leben toll ist und ebenso, unangenehme Erfahrungen zu verarbeiten.

Oberstes Gebot ist: Lassen Sie nicht zu, dass eine unschöne Erfahrung zum Trauma wird.

Gibt es also eine Situation oder einen Vorfall, in der sich der Welpe ängstigt, erschreckt oder am liebsten weglaufen möchte, ergreifen Sie die Chance, um darauf aufbauend positive Erfahrungen herzustellen. Dazu schaffen Sie gezielt eine ähnliche Situation. Hat er sich beispielsweise vor einem herunterfallenden Gegenstand erschreckt, spielen Sie mit ihm und in einigem Abstand fällt während dem ausgelassenen Spiel ein Gegenstand herunter. Er dürfte sich diesmal zumindest weniger schreckhaft zeigen und einen eventuellen Schreckmoment spielen Sie einfach weg. Nach und nach können Sie den Abstand zwischen herunterfallendem Gegenstand und Welpe verkleinern.

Gab es eine Situation an einer befahrenen Straße, suchen Sie eine solche auf, bleiben aber in größerem Abstand und spielen wiederum mit dem Welpen oder lenken ihn mit Leckereien ab. Waren es spielende oder tobende Kinder, hilft es, dasselbe in der Nähe eines Spielplatzes zu absolvieren oder Nachbarskinder zu bitten, in gebührendem Abstand zu Ihnen und dem Welpen die Situation nachzustellen, die er so beängstigend fand, während Sie ausgelassen mit ihm in ein tolles Spiel vertieft sind. So bauen Sie eine entstandene Unsicherheit ab, denn Sie sorgen dafür, dass das negative Erlebnis durch viele positive Erfahrungen überlagert wird.

9. Trainingsphase 3: Kontakte zu Artgenossen

Der Besuch einer Welpenschule macht durchaus Sinn, wenn es nicht in der Nachbarschaft etwa gleichaltrige Welpen gibt, mit denen gelegentliche Treffen möglich sind. Der richtige Zeitpunkt ist gekommen, wenn sich der Welpe bei Ihnen eingewöhnt hat, Sie ein Vertrauensverhältnis aufgebaut haben und sich zunehmend den vielen Umweltreizen widmen, denn dann nehmen auch Begegnungen mit anderen Hunden zu - zumindest aus der Ferne, vielleicht aber auch mal Nase an Nase. Eine Voraussetzung ist oft, dass die Grundimmunisierung durch die Impfung beim Tierarzt abgeschlossen ist und der Welpe eine Parasitenprophylaxe erhalten hat.

In seiner ersten Lebensphase hat der Welpe viel durch die Mutter und die Geschwister gelernt. In seiner neuen Lebensphase bei Ihnen ging es darum, Sie und die Umgebung sowie die neuen Abläufe kennenzulernen. Der Welpe musste sich neu orientieren und lernen, sich auf Sie einzustellen. Dazu zählt auch Ihre Art der Kommunikation, die ihm bisher völlig fremd war. Mit alldem war er völlig ausgelastet. Nun ist es wichtig, dass er erfährt, dass es neben der eigenen Rasse noch andere gibt, Hunde in vielen Größen und mit dem unterschiedlichsten Erscheinungsbild. Er muss die innerartliche Kommunikation verfeinern. Diese zu beherrschen ist eine wesentliche

Voraussetzung, dass spätere Hundebegegnungen entspannt verlaufen.

Eine Welpenschule bietet sich deshalb an, weil er auf etwa Gleichaltrige trifft. Die Welpen sind sich körperlich und in der geistigen Reife ebenbürtiger als ausgewachsene Hunde. Sie können sich dadurch besser austesten und untereinander üben. Im Spiel lernen sie, was Dominanz und Unterwerfung bedeutet, wie sie beschwichtigen, wie sie sich einander annähern, dass das Gegenüber deutliche Grenzen aufzeigen kann, wenn es zu wild wird ... - kurzum: alles, was im Umgang der Hunde untereinander relevant ist. Das ist ganz so, wie Kinder ebenfalls gegenseitig lernen müssen, zu kommunizieren und sich zurechtzufinden, eigene Interessen zu vertreten, aber auch die der anderen zu akzeptieren.

Da in der Welpenschule Hunde mehrerer Rassen aufeinandertreffen, gibt es solche mit viel Wuschelfell, mit Steh- und Hängeohren, Artgenossen mit langen und kurzen Nasen und welche mit langer Rute und Stummelrute. Diese Vielfalt kennenzulernen ist ungemein wichtig, denn Hunde kommunizieren mit dem gesamten Körper. Bei Stehohren ist sehr deutlich ersichtlich, ob sie aufmerksam nach vorne gerichtet sind oder nach hinten angelegt werden. Mit Hängeohren kann sich ein Hund weniger deutlich ausdrücken. Hunde mit starkem Überbiss und kurzer Schnauze zeigen oft unaufhörlich zuchtbedingt die Zähne, was andere nur tun, wenn sie die Lefzen nach oben ziehen. Einer Stummelrute ist kaum anzusehen, was ein Hund ausdrücken möchte, während an einer langen Rute ersichtlich ist, ob sie selbstbewusst aufrecht getragen wird, locker und entspannt herabhängt, aufgeregt wedelt oder das Wedeln ausgelassene Freude zum Ausdruck bringt.

Durch die körperlichen Unterschiede kommt es unweigerlich zu Missverständnissen oder Unsicherheiten bei Begegnungen, wenn ein Hund nicht lernt, wie Artgenossen mit andersartigen Körpermerkmalen kommunizieren.

Bei der Auswahl einer Welpenschule ist darauf zu achten, dass die Gruppen immer nur aus wenigen Hunden bestehen und derart zusammengestellt werden, dass die Welpen von der Konstitution her zueinander passen. Das ist am Anfang besonders sinnvoll, später kann auch hier die Vielfalt zunehmen. Es sollte stets ein kompetenter Trainer anwesend sein, der den Menschen erläutert, was sich unter den Hunden abspielt. Auch Sie sollen Ihren Schützling auf diese Weise besser verstehen lernen, denn nur dann können Sie bei Begegnungen unterwegs einschätzen, ob sich die Hunde wohlgesonnen sind oder ob sich ein Konflikt anbahnt. Während Ihr Welpe an Artgenossen herangeführt wird, lernen Sie also Ihren Welpen noch intensiver kennen und erhalten tiefere Einblicke in die Hundekommunikation und -psychologie.

Ein letzter wichtiger Punkt ist, dass die Welpen keinesfalls sich selbst überlassen werden. Sie sollen sich erproben, in der Kommunikation üben und Erfahrungen sammeln, wie immer ist dabei aber zu beachten, dass es nicht zu negativen Erfahrungen und somit Verknüpfungen kommt. Ist ein Welpe zu grob, muss ihm Einhalt geboten werden. Ein ängstlicher Vertreter muss gefördert werden und ein Welpe, dem das Verhalten des Gegenüber unheimlich oder zu viel ist, muss sich sicher fühlen, dass seine Menschen für ihn da sind und ihn gegebenenfalls vor einem Rüpel abschirmen.

Das Geschehen ist in einer guten Welpenschule unter kompetenter Beobachtung und der Trainer greift umgehend ein, wenn es erforderlich ist. Schrittweise leitet er auch die Welpenbesitzer an, wann sie wie einzugreifen haben und wann sie ein Spiel laufen lassen können.

Die Kontakte zu Artgenossen unterwegs oder zu Hunden der Nachbarn und Freunde können jetzt ebenfalls intensiviert werden. Ihr Welpe sollte nicht ausschließlich mit Gleichaltrigen zusammenkommen, denn sie alle üben sich ja noch in der Kommunikation und sozialen Interaktionen. Souveräne, gut sozialisierte erwachsene Artgenossen dagegen beherrschen sie und sind wesentlich deutlicher in ihrer Ausdrucksweise. Sie setzen auch andere Grenzen als Hundekinder untereinander. Diese purzeln schon einmal umeinander und übereinander. Erwachsene Hunde dagegen mögen es nicht unbedingt, wenn auf ihnen herumgeklettert wird. Welpen werden folglich direkter in ihre Schranken gewiesen und lernen durch erwachsene Hunde, Signale der Beschwichtigung und Unterwürfigkeit effektiv einzusetzen.

Möchten Sie unterwegs einen Kontakt zulassen, sprechen Sie sich zuvor unbedingt mit dem Gegenüber ab. Ist der andere Hund nicht wirklich souverän und sozial verträglich, tun Sie Ihrem Welpen keinen Gefallen. Erst, wenn er selbst weiterentwickelt ist, ist er auch so weit, sich einem unfreundlicheren Hund gegenüber zu behaupten, diesem deutliche Grenzen aufzuzeigen oder auch mitzuteilen, dass er selbst gar keinen Kontakt zu ihm möchte. Vermeiden Sie aus demselben Grund Hundeauslaufplätze, auf denen viele Hunde herumtollen. Nicht selten kommt es hier zu unschönen Vorfällen, da die Menschen zu unachtsam oder zu unerfahren sind und nicht rechtzeitig eingreifen.

Kontakt zu Artgenossen ist zwar wichtig, der eigentliche Sozialpartner ist und bleibt jedoch der Mensch. Die Kontakte sollen stattfinden, damit der Welpe lernt und der Hund später nicht vergisst, wie fein und vielfältig die Kommunikation untereinander ist und wie soziale Interaktionen gestaltet werden. Sie müssen aber nicht ständig auf der Tagesordnung stehen. Es ist wunderbar, wenn Hunde ab und zu ausgelassen miteinander toben, spielen und herumtollen können - das kann kein Mensch ersetzen. Dennoch geht es im Zusammenleben mit einem Hund primär darum, dass sich dieser an seinen Menschen orientiert und an deren Seite souverän in das Leben nach menschlichen Gesellschaftsregeln integriert ist. Er soll einfach gut im Leben zurechtkommen und seine Menschen mit ihm.

10. Trainingsphase 4: Spaß und Spiel festigen die Bindung

In den ersten beiden Wochen bei Ihnen ist der Welpe angekommen. In den beiden Folgewochen haben Sie die Sozialisierungsphase intensiv genutzt und den Welpen auf das weitere Zusammenleben vorbereitet sowie ihn mit den unterschiedlichsten Umweltreizen bekanntgemacht. Meist kommen Welpen mit acht Wochen zu ihren neuen Besitzern - es beginnt im Hundeleben nun folglich Woche 13. Das kann selbstverständlich variieren, wenn der Welpe erst später in sein neues Heim umzieht. Dann ist der Trainingsplan (siehe Kapitel 17) dem Alter und den individuellen Fortschritten anzupassen. Ebenso entwickeln sich Welpen je nach Rasse unterschiedlich schnell, was genauso zu berücksichtigen ist. Daher kann auch hier nur ein grober Leitfaden gegeben werden.

Der Prägephase bei der Mutter folgt die Sozialisierungsphase, meist in menschlicher Obhut. Die etwa 13. bis 20. Lebenswoche wird als Rangordnungsphase bezeichnet. Würde sich der Welpe jetzt noch im ursprünglichen Rudel bei der Mutter und den Geschwistern befinden, wäre das die Zeit, in der die Welpen verstärkt untereinander die Fronten klären. Sie testen ihre Stärken aus und es zeigt sich recht deutlich, welche Charaktere dominanter und welche eher zurückhaltender und unterwürfiger sind. Doch auch unterwürfigere Typen möchten ihren Platz im Leben finden, ihren Platz innerhalb des Sozialverbandes sichern und ihre Interessen vertreten.

In der Praxis bedeutet das: Der Welpe testet in dieser Phase verstärkt seine Grenzen. Er kann aufmüpfiger werden, die aufgestellten, bis dahin eingehaltenen Regeln ignorieren und bisher Erlerntes ebenfalls. Für Sie heißt das, dass auch Sie Ihre Position im Sozialverband vertreten müssen - wie gewohnt konsequent. Der Welpe wird seine Rangordnungsspielchen mit Ihnen ausführen. Er möchte sich und seine bisher erlangten Fähigkeiten verstärkt erproben und kann dabei gelegentlich etwas größenwahnsinnig wirken. Einige sind in diesem Alter der Ansicht, das Leben nun zu kennen oder auch das Recht zu haben, ihr kleines Köpfchen durchzusetzen. Sie wissen nicht, dass sie gerade mal aus dem Babyalter heraus sind.

Wie ausgeprägt sich das in dieser Entwicklungsphase verhält, ist abhängig von den rassespezifischen Veranlagungen und den grundlegenden Wesenszügen. Von Haus aus kooperative, unterwürfigere oder zurückhaltendere Charaktere tanzen ihren Menschen meist weniger auf der Nase herum als eigenständigere Persönlichkeiten und forsche Draufgänger.

10.1 Spielerisches Training führt zum Erfolg

Ihr Welpe darf nun erfahren, dass Sie noch immer das Heft in der Hand haben, auch wenn er der Ansicht sein sollte, jetzt schon „groß“ zu sein und sich nicht mehr alles sagen lassen zu müssen. Wie gehabt erfolgt das bestenfalls über liebevolle Konsequenz, positive Bestätigung und spielerisch. Bisher war der Welpe völlig damit ausgelastet, all die neuen Eindrücke unter Ihrer Anleitung aufzunehmen, sie zu verarbeiten und neue Umweltreize als Normalität zu integrieren. Je besser die Sozialisierungsphase diesbezüglich verlaufen ist, umso sicherer bewegt sich der junge Hund an Ihrer Seite durch all die verschiedenen Alltagssituationen und kann sich auch schnell mal überschätzen. Er hat gelernt, dass er vor vorbeifahrenden Autos keine Angst haben muss, weiß aber nicht, dass es gefährlich wäre, einfach auf die Straße zu laufen. Hat er die Scheu vor fremden Menschen und tobenden Kindern abgelegt, bedeutet das im Umkehrschluss nicht, dass er nun auf jeden zu rennen darf und alle Menschen jetzt seine Spielgefährten sind.

Daher ist es an der Zeit, sich verstärkt dem Grundgehorsam zu widmen. Da die Entwicklungsphasen ineinander übergehen und nicht die eine abrupt endet, um die nächste beginnen zu lassen, ist ein wenig Fingerspitzengefühl von Vorteil. Es spricht kaum etwas dagegen, den Welpen frühzeitig mit einem „Sitz“ und Lob zu bestätigen, sobald er eine sitzende Position vor Ihnen einnimmt. Schnell verknüpfen die meisten die Sitzposition mit dem Wort und mit vielen Wiederholungen festigt es sich.

Üben Sie gezielt mit dem Welpen, halten Sie ein Leckerli in etwas höherer Position über seiner Nase. Keinesfalls soll er nun hochspringen, um es zu erreichen, aber das Hochspringen haben Sie sicher bereits in den vorherigen Trainingsphasen, idealerweise gleich zu Anfang, unterbunden. Instinktiv setzen sich nun die meisten Hunde hin, den Blick auf das Leckerli gerichtet. Es folgt das Kommando «Sitz» und die Belohnung. Toll ist es, wenn Sie das Wort-Kommando direkt in den Anfängen auch mit einem Zeichen verbinden, etwa dem erhobenen Zeigefinger oder der erhobenen Hand. Dadurch verknüpft der Welpe auch dieses Zeichen mit dem Sitzen und Sie können den Hund später wahlweise durch Worte oder Zeichen lenken. Da Hunde mehr körperlich als verbal kommunizieren, ist die Zeichensprache eine sinnvolle Variante, um sich ihm aus hundepsychologischer Sicht in der sozialen Interaktion anzunähern und anzupassen. Natürlich hofft das niemand, aber: Sollte ein Hund irgendwann schwerhörig werden oder schlecht sehen, haben Sie immer eine alternative Kommunikationsform, die Ihr Hund trotz Handicap wahrnehmen kann und versteht.

Weitere wichtige Aspekte des Grundgehorsams sind der Rückruf und das Bleiben. Die Liegeposition, meist mit dem Wort „Platz" verknüpft, ist ebenso sinnvoll, kann aber gegebenenfalls später noch einbezogen werden, sobald der Abruf klappt. Entscheiden Sie sich in jedem Fall für feste Kommandos, die Sie auch so beibehalten möchten. Sprechen Sie Ihren Welpen an und locken Sie ihn mit dem Wort „Hier" und einem tollen Spielzeug oder einer Leckerei zu sich. Kommt er zu Ihnen, darf er fressen oder es gibt ein spannendes Spiel. Klappt auch das, kann es mit dem Training so richtig losgehen.

Lassen Sie ihn sitzen und werfen Sie einen Ball oder ein anderes geliebtes Spielzeug. Läuft Ihr Schützling begeistert hinterher, begleiten Sie dies mit dem Wort „Lauf“ oder einer Alternative. Mit „Hier“ (oder alternativer Wortwahl) fordern Sie ihn auf, wieder zu Ihnen zu kommen, wo erneut eine Belohnung auf ihn wartet. Folgt er nicht, schafft eine Schleppleine Abhilfe, denn mit dieser können Sie sanft nachhelfen. Es muss interessant für den Welpen sein, auf Kommando zu Ihnen zu kommen, denn sonst hat er vielleicht die Idee, dass das alleinige Spielen mit dem Ball oder eine ganz andere Beschäftigung viel spannender ist als Sie.

10.1.1 Das spielerische Trainieren mit dem Welpen hat mehrere positive Effekte

- Er lernt, dass es Spaß macht, mit Ihnen zusammenzuarbeiten, was auch die Grundgehorsamsübungen einschließt.
- Da er etwas Tolles damit verbindet, wird er Kommandos auch an anderen Orten und in anderen Situationen bereitwillig ausführen.
- Der Welpe ist körperlich und geistig ausgelastet.
- Sie wachsen weiter zu einem Team zusammen und festigen die Bindung.

Trainingsstipp

Es ist erfreulich und bisweilen unwiderstehlich, wenn der Welpe vor Ihnen steht und Sie zum Spielen auffordert, vielleicht sogar mit einem Spielzeug in der Schnauze. Warum sollten Sie ihm diesen Wunsch abschlagen? Es spricht nichts dagegen, auch mal darauf einzugehen, sofern es sich nicht um einen kleinen Zeitgenossen handelt, der ohnehin gerne den Ton angibt. Es sollte allerdings nicht zur Gewohnheit werden, ganz besonders nicht in der Rangordnungsphase, da sich dieses Verhalten festigen könnte: Der Welpe lernt, dass er bestimmt, was wann gemacht wird. Sie lassen sich von Ihrem Welpen dazu erziehen, dass er das Sagen hat. Behalten Sie das im Hinterkopf und halten Sie es grundsätzlich lieber so, dass Sie entscheiden, wann gespielt wird und wann das Spiel zu Ende ist. Das ist auch deshalb wichtig, damit der Welpe nicht überdreht. Beschäftigen Sie sich lieber wenige Minuten effektiv mit ihm, gerne einige Male am Tag, und führen Sie anschließende Ruhepausen ein. Das Spielzeug räumen Sie in diesen Pausen weg. Die Regenerationsphasen geben ihm Gelegenheit, das Erlernte zu verarbeiten und zu verinnerlichen, da diese Prozesse im Gehirn während des Schlafes stattfinden. Sie vermeiden zudem, dass der Welpe überfordert ist und seine Motivation darunter leidet. Daher ist das Motto „aufhören, wenn es am schönsten ist" im Welpentraining zielführend, aber auch bei späteren Aktivitäten mit Ihrem Hund.

10.2 Spannende Spiele für und mit Welpen

Es gibt zahlreiche Spiel- und Beschäftigungsmöglichkeiten, die neben dem gemeinsamen Spaß ganz nebenbei zum Training eingesetzt werden können. Doch nicht alle Aktivitäten sind für jeden Welpen geeignet. Einige haben rassespezifische Vorlieben, für die sich andere so gar nicht begeistern können: Einigen liegt das Apportieren im Blut, es gibt aktive und weniger aktive Welpen, sportliche Flitzer und gemütliche Vertreter.

Veranlagung	Problematik	Trainingsprinzip
Aktiver Welpe	kommt schwer zur Ruhe	Geschwindigkeit herausnehmen, geistig fordern und fördern
Jagdtrieb	Beutetrieb überwiegt Kooperationsbereitschaft	umlenken, indem gezielt im gemeinsamen Spiel Beute eingesetzt wird

Balljunkie	bekommt nicht genug	weniger Aktion mit fliegenden Gegenständen, konzentrierte Teamwork und Interaktion mit Ihnen fördern
Antriebslosigkeit	lässt sich nur schwer begeistern	mehr motivierende Bewegung ins Spiel bringen, mit Futter arbeiten

Tabelle 3: Trainingsvarianten, je nach Veranlagung des Welpen

In der obigen Tabelle sind nur einige Beispiele aufgeführt, die aufzeigen, dass es für die variablen Charaktere, Veranlagungen und Vorlieben jeweils andere Trainingsansätze gibt. Fördern Sie bei einem Welpen, der ständig in Bewegung ist und scheinbar nicht genug bekommt, das hohe Aktivitätslevel, führt das langfristig zu Problemen. Der Vierbeiner ist mit sich selbst überfordert, kann sich nur schwer konzentrieren, kommt innerlich kaum zur Ruhe und muss das irgendwie kompensieren. Das geschieht selten auf eine Weise, die seinen Menschen gefällt. Er gräbt vielleicht den Garten um, wird zum neurotischen Kläffer, der fortlaufend beschäftigt werden will, und tut sich möglicherweise auch im Grundgehorsam und der Leinenführigkeit schwer. Ein Hund mit Jagdtrieb ist meist nicht mehr ansprechbar, wenn er Beute sieht oder wittert, sofern seine natürliche Veranlagung nicht in geeignete Bahnen gelenkt wird, etwa durch Suchspiele. Bringen Sie Abwechslung in die gemeinsamen Aktivitäten, finden Sie recht bald heraus, was Ihrem Welpen am meisten Spaß macht und auch, in welcher Richtung Sie eventuell korrigieren sollten.

10.2.1 Rauf- und Zerrspiele

Unter den Geschwistern dienen Rauf- und Zerrspiele dem Kräftemessen und der Welpe lernt, dass er nicht immer gewinnen kann. Er erfährt, wie schmerzhaft es ist, wenn der andere die Zähne einsetzt oder zu grob spielt beziehungsweise lernt seine eigenen Grenzen kennen. Das sollte auch die Grundlage sein, wenn Sie mit Ihrem Welpen wilder toben. Er darf mal ein Erfolgserlebnis haben und gewinnen, indem er das Zerrspiel erbeutet, muss aber auch akzeptieren, dass ein anderes Mal Sie gewinnen. Ebenso muss er lernen loszulassen, wenn Sie das wünschen. Zu diesem Zweck führen Sie ein Kommando wie „Aus" ein und bieten dem Welpen gegebenenfalls ein Tauschgeschäft an: Lässt er los und überlässt es somit Ihnen, bekommt er dafür ein Leckerli.

Solche wilden Spiele sind nicht für Vierbeiner geeignet, die sehr dominant oder zu ungestüm auftreten, sich nicht gerne etwas sagen lassen oder ihre Ressourcen verteidigen möchten.

10.2.2 Such- und Versteckspiele

Für kleine Suchspiele lassen sich auch Phlegmatiker begeistern, wenn verführerische Leckerbissen im Spiel sind. Dabei kommt das geübte „Sitz“ zum Einsatz, bei fortgeschrittenen Welpen können Sie dies auch mit einem „Bleib“ verbinden. Mit „Such“ schicken Sie Ihren Schützling dann los. So bringen Sie Struktur in die Angelegenheit, machen sich selbst interessant, da Sie ja das spannende Spiel gestalten, beugen blindem Aktionismus vor, üben den Grundgehorsam und fördern den Welpen körperlich und geistig.

Fangen Sie mit einfachen Übungen an. Der Welpe darf sehen, wo Sie ein Leckerli platzieren, und es anschließend aufspüren. Er erarbeitet sich auf diese Weise seine Belohnung selbst, was förderlich für das Selbstbewusstsein ist. Solche Erfolgserlebnisse sind besonders für zurückhaltende, schüchterne Zeitgenossen sehr effektiv.

Nach und nach steigern Sie die Suchübungen, sodass der Welpe verstärkt seine Spürnase einsetzen muss. Verteilen Sie dazu Futter oder einige Leckerli auf dem Boden, das geht sowohl drinnen als auch draußen, und lassen Sie ihn suchen. Ob drinnen oder draußen, Sie dürfen kreativ sein. Ein Leckerli unter einem Laubhaufen oder in einer gut erreichbaren Astgabel ist ebenso spannend wie das Suchen in einem Schnüffelteppich oder unter einem Handtuch. Sie können Toilettenpapierrollen verwenden und draußen immer neue geeignete Verstecke suchen. Ganz wichtig ist immer das Erfolgserlebnis. Kommt der Welpe alleine nicht weiter, helfen Sie ihm! Das schweißt noch mehr zusammen, denn er erfährt, dass er sich im Zweifel Ihrer Unterstützung gewiss sein kann. Steigern Sie die Schwierigkeit immer nur so viel, wie Ihr Welpe Lerneffekte zeigt - er bestimmt die Geschwindigkeit.

Sind Sie mindestens zu zweit, bietet es sich auch an, wenn der Welpe einen Menschen aus der Familie suchen darf, der sich hinter einem Baum oder einem Busch versteckt. Dazu muss er bei einer Person sitzen und so lange bleiben, bis er losgeschickt wird und die versteckte Person lockt ihn zu sich. Die Freude ist riesengroß, wenn er sie gefunden hat und dafür gelobt wird oder sein Lieblingsspielzeug erhält. Je nach Vorlieben können Sie alternativ auch das Lieblingsspielzeug verstecken oder einen Futterbeutel.

Trainingsstipp

Solche Suchspiele sind wunderbar dazu geeignet, kleinen Jägern, die gerne im Unterholz stöbern oder einem Kaninchen hinterherrennen, eine sinnvolle Alternative zum Jagen anzubieten. Sie legen schon im Welpenalter die Basis dafür, um den Hund später artgerecht zu beschäftigen. Darauf lässt sich gut aufbauen.

Schnüffeln und Nasenarbeit sind sehr anstrengend, selbst für ausgewachsene Hunde. Der Welpe muss sich konzentrieren und koordiniert vorgehen, was das noch in der Entwicklung befindliche Gehirn sehr fordert. Derartige Spiele sollten anfangs wirklich kurz ausfallen und mit zunehmender Übung zunächst fünf Minuten nicht überschreiten. Langsam kann dann auf zehn Minuten ausgedehnt werden, wenn es für den jeweiligen Welpen nicht zur Überlastung führt. Sind Sie unsicher, was Sie ihm zumuten können, lassen Sie ihn lieber etwas kürzertreten und beginnen einige Stunden später ein weiteres kleines Suchspiel. Dadurch werden die Lerneffekte größer und der Welpe wächst an den Erfolgserlebnissen. Er gerät auch nicht unter Druck, weil ihm zu viel abverlangt wird und sein Vertrauen in Sie bleibt unerschüttert.

10.2.3 Apportierspiele

Es gibt kaum einen Welpen, der nicht begeistert einem geworfenen Ball oder einem Dummie hinterherläuft. Beim Apportieren geht es darum, dass er den Gegenstand aufnimmt, zu Ihnen zurückbringt und Ihnen in die Hand gibt oder zumindest vor Ihren Füßen ablegt. Dafür gibt es Lob und der Gegenstand wird direkt wieder geworfen, damit der Welpe folgende Erfahrung macht: Wenn er den Gegenstand abgibt, statt sich alleine weiter damit zu beschäftigen, ist der Spaß noch lange nicht vorbei. Er lernt auch, dass Sie ein toller Spielpartner sind, mit dem es sich lohnt, zu kooperieren.

Tut sich Ihr Welpe mit dem Bringen und Abgeben schwerer, nehmen Sie eine Schleppleine zur Hilfe und ziehen Sie ihn ein wenig zu sich heran. Sobald er nahe bei Ihnen ist, loben Sie ihn ausgiebig und lassen sich den Gegenstand geben. Rückt er ihn nicht freiwillig heraus, versuchen Sie es mit einem Tauschgeschäft oder helfen Sie wiederum nach, indem Sie ihm den Gegenstand abnehmen und er im Gegenzug Lob und ein Leckerli erhält. Das kann sich am einfachsten gestalten, wenn Sie mit einem Futterbeutel arbeiten. Schnell merkt der kleine Sturkopf, dass er ohne Ihre Hilfe nicht an das Futter kommt und hat dadurch einen Anreiz, Ihnen den Beutel zu bringen.

Verbinden Sie auch das Apportieren mit Übungen im Grundgehorsam. Der Welpe soll sitzen bleiben, wenn Sie den Gegenstand werfen, sich auf Ihr Kommando (etwa „Lauf") in Bewegung setzen und auf Ihr „Bring" die Beute zu Ihnen bringen. Der Begriff Beute ist an dieser Stelle nicht zufällig gewählt: Auch das ist eine effektive Möglichkeit, den Jagd- und Beutetrieb sinnvoll umzulenken.

Apportierspiele lassen sich vielseitig ausbauen, variieren und kombinieren. Verbinden Sie es mit einem Suchspiel, wird der Gegenstand erst versteckt und es ist Nasenarbeit erforderlich, um ihn aufzuspüren. Anschließend soll der Welpe diesen zu Ihnen bringen und erhält seine Belohnung. Üben Sie das zu Hause in der Wohnung oder im Garten, lassen sich später viele solche Spiele auch unterwegs einbauen. Das bringt Abwechslung in die Spaziergänge, der Hund hat bei gemeinsamen Unternehmungen doppelt so viel Spaß und lässt sich durch Such- und Apportierspiele oft auch von unerwünschtem Verhalten ablenken. Manch ein Welpe ist stolz, wenn er sein Spielzeug unterwegs selbst tragen darf. Werfen Sie es ein Stück von sich weg, lassen Sie das Spielzeug (oder den Futterbeutel) holen und anschließend darf er es neben Ihnen herlaufend tragen. Das könnte die Leinenführigkeit bei manch einem unternehmungslustigen Jungspund erleichtern. Diese Variante eignet sich auch für Welpen, die eher zu einem erhöhten Aktivitätslevel neigen, um sie einerseits körperlich und geistig auszulasten und andererseits zwischendurch das Tempo zu drosseln, da der Welpe eine ruhigere Aufgabe bekommt.

Hinweis

Verwenden Sie bei Such- und Apportierspielen ausschließlich geeignete, ungefährliche Gegenstände. Stöcke sind absolut ungeeignet, da sie ein hohes Verletzungsrisiko bergen. Es ist keine Seltenheit, dass ein Stock durch den Tierarzt aus dem Kiefer oder dem Rachen entfernt werden muss, weil sich der Welpe das Ende beim Aufnehmen in die Maulhöhle rammt.

10.3 Spaziergänge spannend gestalten

Die Geruchsvielfalt unterwegs ist aufregend und immer aufs Neue spannend. Mit dem Schnuppern am Wegesrand, was durchaus wichtig ist, überlassen Sie den Welpen jedoch sich selbst und sind völlig uninteressant für ihn. Daher ist es sinnvoll, ein wenig Abwechslung einzubauen. Das kann durchaus mit kleinen Trainings- und Übungseinheiten im Spiel geschehen. Sie können aber auch nutzen, was sich unterwegs so anbietet. Erkunden Sie zusammen mit Ihrem Welpen etwas Spannendes wie einen Bachlauf, führen Sie ihn im Slalom um Pfosten oder Bäume herum, lassen Sie ihn einen liegenden Baumstamm erklimmen oder auf einem Baumstumpf sitzen. Wie bei ausgelassenen Trainingsspielen lernt Ihr Schützling dadurch, dass es durchaus lohnenswert ist, sich an Ihnen zu orientieren und dass sich mit Ihnen an der Seite tolle Sachen erleben lassen. Sie können unter Umständen damit auch einen hyperaktiven Vierbeiner zu etwas mehr Ruhe und Besonnenheit animieren. Besonders bei solchen bietet es sich zudem an, zwischendurch kleine Pausen einzulegen und gemeinsam die Umgebung in ruhiger Position zu beobachten. Kommt Ihr Welpe zur Ruhe und sitzt oder liegt entspannt neben Ihnen, wird er belohnt. Er verinnerlicht dadurch immer besser, auch mal herunterzufahren.

10.4 Den Zahnwechsel erleichtern

Zwischen dem vierten und siebten Monat, abhängig von der Entwicklungsgeschwindigkeit, steht der Zahnwechsel an. Die kleinen spitzen Milchzähne müssen dem bleibenden Gebiss Platz machen. Spätestens jetzt lohnt es sich, wenn Ihr Welpe frühzeitig gelernt hat, sich statt an Möbelstücken oder beliebigen

Gegenständen an seinem Kauspielzeug zu vergreifen: Der Prozess, wenn die großen Zähne langsam das Zahnfleisch durchbrechen, kann schmerzhaft sowie mit einem unangenehmen Druckgefühl und Juckreiz verbunden sein. Dies versucht der junge Hund zu lindern, indem er auf allem Möglichen herumkaut. Dadurch lockern sich zudem die Milchzähne besser und die folgenden Zähne finden leichter ihren Weg.

Hinweis

Behalten Sie den Zahnwechsel im Auge. Die kleinen Milchzähne werden gelegentlich verschluckt, wenn sie ausfallen, was aber kein Problem darstellt. Es kommt jedoch vor, dass sich ein Milchzahn nicht richtig lockert und der nachfolgende Zahn daher nicht seinen angestammten Platz findet. Der Milchzahn sollte in einem solchen Fall durch den Tierarzt gezogen werden.

11. Erweiterte Trainingstipps und: Die Pubertät naht!

Welpen lernen unterschiedlich schnell und das Pensum nebst Anforderungen muss immer auf das Individuum abgestimmt werden. Es ist auf jeden Fall vorteilhaft, wenn Ihr Schützling die Grundkommandos kennt. Diese lassen sich in beliebige Alltagssituationen und Spiele integrieren, sodass sie sich immer mehr festigen. Die Grundlagen des Zusammenlebens sollten ebenfalls bekannt sein. Tiere sind keine Roboter und es klappt nicht immer alles reibungslos, was aber auch auf Sie zutrifft. Es liegt dennoch an Ihnen, die aufgestellten Regeln bei Bedarf immer wieder in Erinnerung zu bringen und mit positiver Bestätigung durchzusetzen. Eine weitere wichtige Voraussetzung für ein glückliches Miteinander ist die Bindung zwischen Ihnen und dem Welpen:

- Kann er sich auf Sie verlassen, wenn er Unterstützung benötigt oder unsicher ist?
- Sind Sie und Ihr Verhalten konsequent und somit für den Welpen vertraut und berechenbar?
- Loben Sie ihn im richtigen Moment, wenn er etwas gut gemacht oder das wunschgemäße Verhalten gezeigt hat?
- Bleiben Sie bei den aufgestellten Regeln oder lassen Sie doch immer wieder etwas durchgehen?
- Trainieren Sie spielerisch mit dem Welpen, um ihn zu fördern?

- Achten Sie darauf, dass er ausreichend Ruhephasen einlegt?
- Sind Sie im Spiel oder unterwegs so interessant für den Welpen, dass er sich gerne an Ihnen orientiert und mit Ihnen kooperiert, oder findet er regelmäßig andere Dinge interessanter und spannender?
- Bieten Sie Alternativen an, um unerwünschte Verhaltensweisen oder Veranlagungen umzulenken?
- Sorgen Sie dafür, dass Ihr Welpe im Spiel und Training viele kleinere und größere Erfolgserlebnisse hat?
- Gibt es im Alltag einen geregelten Ablauf, an dem sich der Welpe orientieren kann?
- Zeigen Sie ihm seine Grenzen auf, wenn er übertreibt, und bestätigen Sie ihn, wenn er diese akzeptiert?
- Entscheiden Sie oder der Welpe, wann gespielt wird und was auf der Tagesordnung steht?
- Ist er mit vielfältigen Umweltreizen und Situationen vertraut, die ihm im Alltag begegnen?

Wer in den allerersten Wochen und Monaten viel in die Erziehung des Welpen und die Bindung untereinander investiert, hat es ein Leben lang mit dem vierbeinigen Begleiter leichter, selbst wenn sich das eine oder andere Problem einstellen sollte. Stimmt die Basis, lassen sich Schwierigkeiten für Hund und Mensch einfacher lösen, als wenn hier etwas versäumt wurde. Konnten wichtige Verknüpfungen in der Präge- und Sozialisierungsphase nicht entstehen, lässt sich das meist nicht wirklich reparieren. Es bleibt dann nur, aufwendig ein

Alternativverhalten zu erarbeiten, welches mit viel Mühe Abhilfe schafft. Es ist aber immer langwieriger, eine funktionierende Neuprogrammierung im Gehirn zu schaffen, wenn die Grundprogrammierung fehlerhaft ist.

11.1 Die Sache mit der Pubertät

Die Rangordnungsphase ist für manch einen Hundebesitzer schon eine kleine Herausforderung, die es zu meistern gilt. Noch handelt es sich aber um ein Hundebaby, das zum Kind heranwächst - und mit ihm seine Fähigkeiten. Dem folgt die juvenile Phase, die Pubertät, in der viele Jungspunde alles bisher Gelernte zu vergessen scheinen, sogar den eigenen Namen. Das kann auch auf Hunde zutreffen, die bis zu diesem Zeitpunkt wahre Musterschüler und Streber waren. War der Hund bisher mit allen Artgenossen verträglich, immer freundlich und hat das gemeinsame Toben genossen, zeigt manch einer plötzlich massive Ablehnung, Misstrauen oder aggressive Züge.

Nachdem erst die Mutter und im Anschluss Sie so viel dafür getan haben, dass die richtigen Schaltungen im Gehirn entstehen, geraten diese plötzlich in den Hintergrund. Verantwortlich dafür ist die sich anbahnende Geschlechtsreife und damit einhergehende Veränderungen im Hormonhaushalt. Die bisherigen Gerüche in der Umwelt wirken plötzlich ganz anders auf den Hund und er reagiert innerlich darauf. Die Markierungen anderer Hunde werden interessanter und der juvenile Hund beginnt, selbst zu markieren. Geschlechtsunterschiede werden registriert, Gleichgeschlechtliche als Konkurrenten wahrgenommen und das andere Geschlecht gewinnt an Stellenwert. War das Besteigen, Dominieren und Unterwerfen zuvor allenfalls spielerisch unter Artgenossen motiviert, bekommt all das nun eine ganz andere Bedeutung - aus den einstigen spielerischen Aktionen wird Ernst.

Diese Zeit der Umstellung ist für Ihren Hund verwirrend. Irgendetwas geht in ihm vor, verändert sich, aber er weiß nicht was und muss nun sehen, wie er mit dieser Verschiebung der Stellenwerte klarkommt. War das Leben bis dahin weitgehend unbeschwert, muss er sich auf einmal geschlechtlich orientieren und behaupten. Da sich mit der Geschlechtsreife der Eigengeruch ändert, reagieren auch andere Hunde jetzt ungewohnt auf ihn - eine weitere völlig neue Erfahrung.
Damit ist das Gehirn derart ausgelastet, dass das bisher Erlernte einfach nicht mehr wie gewohnt abrufbar ist. Natürlich weiß Ihr Hund noch, dass er gemeint ist, wenn Sie ihn beim Namen nennen und auch die Grundkommandos hat er nicht alle auf einmal vergessen. Die ganzen neuen Eindrücke und Vorgänge im Körper überlagern das jedoch und dies wirkt sich zusätzlich auf die Psyche aus.

So anstrengend manch ein Hund in dieser Phase ist, genau jetzt braucht er Sie ganz besonders! Bleiben Sie dran, wundern Sie sich nicht, wenn nicht mehr alles so klappt wie bisher und Ihr Hund ungewohnte Verhaltensweisen zeigt. Bleiben Sie konsequent, loben Sie ihn für alles, was er gut macht, zeigen Sie dabei Geduld und setzen Sie Grenzen, wenn es die Situation gebietet. Es mag bisweilen wirken, als treten Sie auf der Stelle. Doch indem Sie einfach dranbleiben, wird auch das Gehirn angesprochen und während die noch latent vorhandenen Informationen immer wieder verstärkt werden, werden sie auch in die gerade stattfindende Neustrukturierung einbezogen. Es finden schlicht Umbauarbeiten im Kopf statt und dabei wird sortiert, was noch benötigt wird und wie die verfügbaren Bausteine beim Umbau integriert werden.

Struktur hilft Ihrem Hund jetzt sehr, ähnlich wie bei der Neuorientierung, als der kleine Welpe zu Ihnen kam und sich an strukturierten Abläufen orientieren konnte. Dieses Sicherheitsgefühl entlastet Ihren Hund nun ebenso, da er sich nicht auch noch mit ständig wechselnden Abläufen und Regeln befassen muss. Führen Sie, wenn möglich, Rituale ein. Ihr Hund soll sich darauf verlassen können, dass es Futter gibt, wenn Sie in die Küche gehen und bestimmte Handlungen ausführen. Er soll wissen, wann es nach draußen geht, wann Spiel und Action angesagt sind und wann er zur Ruhe kommen kann.

Die regelmäßigen Ruhephasen sind jetzt genauso wichtig wie in den Wochen zuvor, da im jungen Hund viele Veränderungen vorgehen und er seine neuen Eindrücke verarbeiten muss.

11.2 Hundephysiologie und -psychologie: Veränderungen im Gehirn

In den ersten Lebensphasen bis zur Pubertät wächst der Welpe körperlich, emotional und geistig. Sie helfen ihm, indem er das nötige Rüstzeug für das spätere Leben erhält und das Gelernte verinnerlichen kann. Das Gehirn wächst mit und speichert unzählige Informationen zu den vielen Eindrücken, Umweltreizen und dem Umgang damit. Ebenso werden positive und negative Erlebnisse abgespeichert, um in einer ähnlichen Situation abgerufen zu werden. Je nach Erfahrungswerten reagiert der Hund dann künftig, weshalb eine positive Lernerfahrung so wichtig ist.

Die Lernkurve geht bei vielen Welpen steil nach oben, sie zeigen sich kooperativ und befolgen Kommandos begeistert. Sie möchten schließlich die Welt entdecken, sich selbst erfahren und sich bestätigt wissen. Dabei sind sie noch sehr auf die Anleitung und Nähe des Menschen angewiesen.

Mit der Pubertät findet im Gehirn ein neuer Entwicklungsschub statt. Physisch verändert sich der sogenannte Mandelkern, der für die emotionale Wahrnehmung zuständig ist. Dieser Bereich wird größer und Ihr Hund wird dadurch sensibler für Umweltreize, die er vorher weniger wahrgenommen hat. Die emotional intensivere Wahrnehmung führt zu gesteigerter Reaktion - die Veränderung im Gehirn wirkt sich somit auch psychisch aus. Daneben verändert sich die Großhirnrinde, in der die bisherigen

Erfahrungen und der Umgang mit den unterschiedlichsten Situationen abgespeichert wurden. Hier werden Verknüpfungen abgebaut - eben solche, deren Bildung Sie im Welpenalter durch Prägung und Sozialisierung gefördert haben. Das geschieht, weil die Großhirnrinde die Signale aus anderen Bereichen empfängt, darunter jene emotionalen Komponenten des Mandelkerns. Diese verändern sich mit der Pubertät und somit müssen neue Verknüpfungen erstellt werden, denn die neue Reizempfänglichkeit führt dazu, dass Situationen neu zu bewerten sind, um daraus die richtige Reaktion abzuleiten. Es werden für das weitere Leben schlicht neue Schaltkreise im Gehirn gebildet. Da zunächst die bisherigen Verknüpfungen abgebaut werden, verkleinert sich der zuständige Bereich des Großhirns kurzfristig und wächst während der folgenden Entwicklung wieder - er vergrößert sich mit der Bildung der neuen Schaltkreise.

Trainingsstipp

Die Grundinformationen, das bisher Abgespeicherte, gehen dadurch nicht verloren, sondern bleiben erhalten. Sie sind lediglich vorübergehend nicht mehr derart abrufbar wie zuvor, da schlicht die entsprechenden Verknüpfungen durch neue ersetzt werden. Was noch benötigt wird, wird in die neuen Schaltkreise mit eingebaut. Deshalb ist es unbedingt notwendig, dass Sie auch während der Pubertät weiter mit Ihrem Hund üben, dass gemeinsame Unternehmungen auf dem Programm stehen und Sie vor allem konsequent bleiben. Wird in dieser Phase der Grundgehorsam vernachlässigt, weil der Hund anscheinend einfach nicht mehr kooperiert und andere Interessen verfolgt, kann das Gehirn diverse abgespeicherte Informationen als unnötig einstufen, schließlich werden sie nicht mehr gefordert, und sie fehlen später in den Verknüpfungen des neu strukturierten Gehirns. Sie dann anschließend dennoch erneut zu integrieren bedeutet, dass Sie quasi mit Ihren Grundgehorsamsübungen wieder von vorne anfangen müssen. Es ist jedoch wesentlich einfacher, das sich entwickelnde Gehirn von Anfang an derart zu prägen, dass es die im Zusammenleben relevanten Informationen in seine komplexen Strukturen gleich mit einbaut. Dennoch - zu spät ist es nie: Sie können auch einem erwachsenen Hund noch viel beibringen. Erziehung und Training gestalten sich nur anders und aufwendiger, als wenn Sie von vornherein am Ball bleiben.

Noch etwas verändert sich mit der Pubertät, wobei sich dieser Entwicklungsprozess bis in die nächste Phase hinein, die Adoleszenz, fortsetzt: Es finden Veränderungen im Hormonhaushalt statt. Dabei spielt Dopamin eine größere Rolle. Das Hormon macht den Hund erregbarer, da es mit dem Belohnungssystem im Körper zusammenhängt. Weckt ein Reiz das Interesse des Hundes, etwa ein spannender Duft, gerät er in Kombination mit der gesteigerten emotionalen Wahrnehmung in einen Erregungszustand, gekoppelt an eine erhöhte Dopaminausschüttung. Es fällt dem Hund dann schwer, seine Aufmerksamkeit von dem interessanten Reiz abzuwenden, er ist ganz davon eingenommen. Seine Erregung macht ihn zugleich stressanfälliger. Es ist nicht so, dass er sich nicht auf Sie einlassen möchte, er kann es manchmal einfach nicht, weil er völlig von etwas anderem eingenommen und innerlich aufgewühlt ist. Die Stress-Sensitivität wiederum erhöht ihrerseits die Reizempfindlichkeit. Der Hund ist tatsächlich in einer Art Ausnahmezustand.

All das kann zu einer verminderten Konzentrationsfähigkeit führen, aber auch dazu, dass der Hund Dinge, die für ihn als Welpe selbstverständlich waren, auf einmal unangenehm oder unheimlich findet. Er nimmt sie nun anders wahr und muss neu lernen, alles zu bewerten, was letztendlich in die Bildung der neuen Strukturen im Gehirn einfließt. Manch ein bis dahin offener, aufgeschlossener Welpe fremdelt plötzlich, es kann sich verstärkt Trennungsangst einstellen und der Hund, der bereits als Welpe gelernt hat, alleine zu bleiben, hat nun ein Problem damit. War das Geschirr bisher Normalität, kann es der Hund inzwischen aufgrund der veränderten, neuen Reizwahrnehmung als komisch empfinden. Vieles, was Sie dem Welpen im Umwelttraining nahegebracht haben, bekommt in der Pubertät bei dem einen oder anderen Hund eine völlig andere Bedeutung und entsprechend erfolgen andere Reaktionen als üblich. Ebenso kann ein scheuerer, zurückhaltender Zeitgenosse mit dem Einsetzen der Pubertät wesentlich forscher auftreten als gewohnt, getrieben von seinen neuen Wahrnehmungen, Neugier und erhöhtem Erregungslevel. Die Risikobereitschaft kann steigen, denn der Hund setzt sich jetzt anders mit der Umwelt auseinander als zuvor. Er muss mit der Geschlechtsreife seinen Platz im Leben und unter Artgenossen neu finden und kann hinsichtlich des Umgangs mit anderen Hunden sehr viel wählerischer werden. Manche mag er vielleicht einfach nicht mehr riechen. Es kann sich Konkurrenzverhalten einstellen und das Ressourcenbewusstsein wird ausgeprägter.

Trainingsstipp

Es kann zu Rückschritten im bisherigen Training kommen und der pubertierende Hund zeigt ungewohnte, dem Menschen ganz neue Verhaltensweisen und Reaktionen. Er nabelt sich einerseits ab, ist aber andererseits nach wie vor sehr auf seinen Menschen angewiesen. Sie müssen sich weiterhin als zuverlässiger, souveräner, vertrauenswürdiger Partner an seiner Seite zeigen. Der Hund verweigert die Kooperation oder ignoriert Sie nicht mit Absicht oder weil er Sie nicht mehr mag. Er verteidigt nicht sein Futter oder sein Spielzeug, weil er Sie als Konkurrenz sieht oder weil er dominant ist, sondern weil sich die Wahrnehmung hinsichtlich der Ressourcen ändert und er nun lernen muss, damit umzugehen. Klappt das eine oder andere nicht mehr, gehen Sie im Training einen oder mehrere Schritte zurück und üben Sie konsequent weiter - mit viel Lob und Belohnung, wenn etwas klappt, und ohne Strafe, wenn etwas nicht klappt. Bleiben Sie ruhig und geduldig, denken Sie an die erhöhte Stressanfälligkeit: Geraten auch Sie in einen Erregungszustand, überträgt sich das auf den Hund und auch seiner steigt nochmals. Er wird allenfalls noch konfuser und unkooperativer als ohnehin. Seien Sie der Fels in der Brandung für ihn, gehen Sie als gestärktes, noch enger zusammengeschweißtes Team aus dieser Entwicklungsphase hervor.

- Unterstützen Sie den Jungspund genau so zuverlässig wie den Welpen.
- Bringen Sie ihm relevante Alltagssituationen behutsam erneut näher, falls er Scheu zeigt oder fremdelt.
- Gönnen Sie ihm im Training viele kleine Erfolge und achten Sie darauf, weiterhin im Spiel viel Spaß zu haben und auf Spaziergängen gemeinsame Erkundungen anzustellen.
- Reduzieren Sie gegebenenfalls Ihre Erwartungshaltung - das wird alles wieder, wenn Sie nur dranbleiben.
- Bleiben Sie den bisherigen Regeln treu, setzen Sie weiterhin Grenzen, aber lassen Sie es auch zu, dass sich Ihr Hund ausprobiert - sofern kein Risiko besteht oder es in Ungezogenheit ausartet.
- Viel Struktur und Routine schaffen einen sicheren Rahmen, was dem Hund hilft, mit seinem inneren Chaos besser umzugehen.

11.3 Alleine bleiben will gelernt sein

Dies ist nur ein Beispiel, was in der Pubertät vielleicht nicht mehr wie gewohnt klappt. Bei jedem Hund verhält es sich anders und wie bei Jugendlichen kann die pubertäre Phase variabel ausgeprägt sein. Die lange geübte Leinenführigkeit klappt bei dem einen nicht mehr, der Grundgehorsam bei dem anderen, der nächste möchte nicht mehr alleine bleiben. Behalten Sie bei allen Herausforderungen während dieser Phase im Kopf, was im Hund vorgeht, und üben Sie, wenn es sein muss, in kleinen Schritten.

Haben Sie zuvor bereits derart geübt, dass es für den Welpen selbstverständlich war, auch mal kurz alleine in einem Raum, dem Haus oder der Wohnung zu bleiben, kann die Pubertät auch diesbezüglich für Unruhe sorgen. Der Hund ist auf einer Art Selbstfindungstrip. Da Hunde aber auch sehr sozial sind, ist das damit verbunden, erneut seinen Platz im Gefüge und im Leben zu finden, wie es in anderer Form bereits in der Rangordnungsphase der Fall war. Es widerstrebt ihm daher einerseits, ganz ohne seinen Sozialpartner Mensch zu sein, während er ihn andererseits gelegentlich völlig links liegen lässt, da er gerade von anderen Trieben gesteuert wird und sich als Jugendlicher in der Erwachsenenwelt behaupten möchte.

Üben Sie trotzdem beharrlich weiter. Gehen Sie notfalls ein paar Schritte zurück und verlassen Sie nur kurz den Raum, schließen die Tür hinter sich, um sofort wieder zurückzukommen. Ziehen

Sie sich unvermittelt die Jacke an, als wenn Sie weggehen wollten, greifen Sie sich die Schlüssel und laufen Sie einfach in der Wohnung umher. Früher oder später merkt Ihr Hund, dass das Anziehen der Jacke nicht zwangsläufig bedeutet, dass es zusammen hinausgeht oder dass Sie alleine weggehen. So lässt sein Erregungszustand und seine Erwartungshaltung allmählich nach. Ist er in einem entspannten Zustand, können Sie auch die Wohnung kurz und ohne Weiteres verlassen und umgehend wieder zurückkommen - ebenfalls bedenkenlos.

Veranstaltet der Hund daraufhin eine Art Freudenparty oder möchte er Sie gar zurechtweisen, weil Sie so unverschämt waren, ohne ihn die Wohnung zu verlassen, schicken Sie ihn ruhig, aber bestimmt auf seinen Platz und belohnen ihn, wenn er der Aufforderung nachkommt. Tut er das nicht, wird er ignoriert. Bedrängt er Sie, laufen Sie einfach geschäftig in der Wohnung herum und beachten Sie ihn nicht. Wenn Sie den längeren Atem haben, wird er vermutlich von selbst einen Ruheplatz aufsuchen - dann ist es an der Zeit, ihn zu belohnen. Kommen Sie aus irgendeinem Grund gar nicht weiter, versuchen Sie es mit einer Box, die er zuvor natürlich als Ruheplatz anerkannt haben muss. Das ist also der erste Trainingsschritt. Ansonsten suchen Sie professionelle Unterstützung - lieber früher als zu spät, wenn sich alles bereits in ungewünschter Weise gefestigt hat.

11.4 Verstehen Sie Ihren Hund?

Sie wissen nun um die physischen und psychischen Vorgänge im Hund und wie Sie damit umgehen können. Den Hund in seiner natürlichen Entwicklung zu verstehen ist die beste Voraussetzung, dass es im weiteren Zusammenleben zwischen Ihnen sowie mit der Umwelt gut funktioniert. Eine andere Notwendigkeit ist, die Körpersprache Ihres Hundes zu begreifen, denn über diese teilt er sich Ihnen und der Umwelt gegenüber mit. Verstehen Sie anhand der Körpersprache, was Ihr Hund ausdrücken möchte, fällt es Ihnen leichter, situativ angemessen zu reagieren, Konflikten vorzubeugen, ihm im richtigen Moment Unterstützung zu bieten oder Einhalt zu gebieten.

Hinweis

Auch Ihr Hund ist stets bemüht, Ihre Sprache und Kommunikationsform zu verstehen. Er liest in Ihrer Mimik und Körpersprache, lernt die Bedeutung für ihn wichtiger Worte und nimmt Ihre Emotionen wahr. Darauf basierend geht er auf Sie ein. Während Sie Ihrem Hund mit Ihren Möglichkeiten viel beibringen können, ist es nur fair, wenn Sie sich auch darum bemühen, die Hundesprache zu lernen. Das führt zu einem innigeren gegenseitigen Verständnis und schweißt zusammen.

Verstehen Sie im Folgenden die Begriffe Aggression und Dominanz nicht in der üblichen menschlichen Sichtweise: Aggression bedeutet nicht etwa angriffslustig und dominant nicht, dass der Hund grundsätzlich das Sagen haben oder gar die Weltherrschaft übernehmen möchte. Aggression ist lediglich ein emotionaler Zustand und erfüllt viele sinnvolle Zwecke im Hundeleben, denn sie ist eine natürliche Methode, um Grenzen aufzuzeigen, einen Konflikt abzuwehren, sich nicht willenlos einer Gefahr zu unterwerfen, um nur einige Beispiele zu nennen. Dominantes Verhalten ist immer situativ zu betrachten. Ein Hund kann gegenüber einem anderen oder in einer Situation Überlegenheit ausdrücken und kommunizieren, sich aber trotzdem unter anderen Umständen zurückhaltend oder unterwürfig zeigen.

Ebenfalls zu berücksichtigen ist, dass die folgende Übersicht Teilaspekte der kommunikativen Ausdrucksmöglichkeiten erläutert. Es spielen aber immer viele Facetten mit - der gesamte Körper, von der Nasenspitze bis zur Rutenspitze, wird von Hunden kommunikativ eingesetzt. Der Hund ist daher immer im Ganzen zu betrachten und zugleich gilt es, die jeweilige Situation zu berücksichtigen. Wichtig zu wissen ist außerdem, dass jeder Hund eine andere Reizschwelle, Impulsivität und Selbstkontrolle mitbringt. Das bedeutet, ein Hund kann die Zähne zeigen und ist damit kurz davor, sie auch einzusetzen. Ein anderer steigert dies von ein bisschen Lefzen hochziehen, leisem Knurren, lauterem Knurren, noch mehr Zähne zeigen, bis seine Grenze erreicht ist. Kennen Sie die kommunikativen Mittel Ihres Hundes, ist aus diesem Grund zusätzlich Ihre Beobachtungsgabe von Bedeutung:

Sie sehen, was Ihr Hund kommuniziert, und erfahren durch die jeweilige Situation und sein Verhalten mehr über ihn, lernen ihn einzuschätzen und können daraus ableiten, ob und inwiefern Sie auf Ihren Hund eingehen oder einwirken sollten. Aufgrund der vielen unterschiedlichen Rassen und Mischlinge stehen zudem nicht jedem Hund die gleichen kommunikativen Mittel im selben Maß zur Verfügung, sodass einiges nicht so einfach erkennbar ist oder manch ein Hund mangelnde Ausdrucksmöglichkeiten durch andere ersetzt.

Körpersignal	Bedeutung
Rute wedelt locker hängend hin und her	freundlich, entspannt
Rute wedelt kreisförmig	aufgeregte Freude
Rute steil nach oben	selbstsicher bis angespannt
Rute eingekniffen	Unsicherheit
Wedeln in gestreckter Haltung, Oberkörper und Kopf nach unten, hinten nach oben gerichtet	Spielaufforderung
Ohren flach nach hinten angelegt	Zurückhaltung, Unsicherheit
Ohren aufrecht	Aufmerksamkeit
Ohren nach vorne gerichtet	gesteigerte Erregung

Geduckte Haltung mit eingeklemmter Rute und nach hinten gerichteten Ohren	Hund macht sich klein, Unterwürfigkeit
Aufrechte Haltung mit gestelltem Nackenhaar	Hund macht sich groß, zeigt seine Präsenz
Gähnen, Lefzen lecken, Blick abwenden	Deeskalationsverhalten, Beschwichtigung
Lefzen hinten seitlich leicht nach hinten oder oben gezogen	Stress
Lefzen vorne hochgezogen, Zähne werden gezeigt	Abwehrreaktion, Grenze aufzeigen, Warnung
Hohes kurzes Bellen	Unsicherheit, Unterwürfigkeit
Tiefes Knurren oder Bellen, Körper aufrecht nach vorne gerichtet	offensive Abwehr, Drohung, Angriffsbereitschaft
Auf den Rücken werfen	Unterwürfigkeit
Starrer Blick, Fixieren	Überlegenheit, Drohgebärde
Körper angespannt, Pfote erhoben, Blick in bestimmte Richtung	erhöhte Aufmerksamkeit, Jagdambitionen
Körperliches Blockieren des Gegenübers oder Menschen	Abschirmung, Dominanz

Tabelle 4: Die Körpersignale des Hundes und deren Bedeutung

Hunde nutzen immer mehrere Kommunikationsmittel in Kombination und dadurch steht ihnen eine große Vielfalt an Ausdrucksmöglichkeiten in zahlreichen Facetten und Abstufungen zur Verfügung. Sie nehmen untereinander zusätzlich den Geruch des Gegenübers beziehungsweise der Umgebung wahr und sondern ab der Geschlechtsreife verstärkt eigene Gerüche ab, was für den Menschen unsichtbar in die Kommunikation einfließt. Schnüffelt Ihr Hund am Wegesrand und uriniert, hinterlässt er an dieser Stelle seinen Geruch. Er markiert dort, um sich mitzuteilen. Gleiches tut er durch das Scharren. Dabei werden über die Schweißdrüsen an den Pfoten Geruchspartikel hinterlassen. Ein Hund, der sich wälzt, möchte einen bestimmten Geruch annehmen, um sich mitzuteilen - etwa um zu imponieren.

Wird direkt über den Geruch eines anderen Hundes markiert, ist das ein Ausdruck von Dominanz. Wird daneben markiert, sagt Ihr Hund eher: „Ich war auch hier“. Hunde, die weniger markieren, sind im Wesen zurückhaltender oder unsicherer und profitieren von einem Training, das ihr Selbstbewusstsein stärkt. Forschere Charaktere dagegen, die viel markieren, sind sexueller motiviert und möchten sich behaupten, was im Training eine andere Herangehensweise sinnvoll macht, denn an Selbstwertgefühl mangelt es solchen Vertretern weniger.

11.5 Was tun bei Droh- und Beißverhalten?

Dass ein kleiner Welpe seine Zähne einsetzt, ist normal. Das sollte jedoch nicht zur Gewohnheit werden. Von Anfang an muss der Welpe lernen: Seine Zähne haben nichts am menschlichen Körper verloren. Das bringen sich bereits die Wurfgeschwister untereinander bei und die Beißhemmung wird in der Sozialisierungsphase unter Artgenossen weiter gefestigt. Hunde setzen zwar im Spiel untereinander ihre Zähne ein, lernen aber mit der Beißhemmung, dies in der Kraft wohl zu dosieren. Schließlich handelt es sich um ein Spiel und niemand möchte dem anderen wehtun. Es geht vielmehr darum, sich zu erproben und spielerisch zu üben. Bisse werden daher nur angedeutet.

Beim Spiel mit dem Welpen liegt es in der Verantwortung des Menschen, auch an der Beißhemmung weiterzuarbeiten. Das tun Sie, indem Sie üben, ein Spiel jederzeit abzubrechen und ein Spielzeug wegzunehmen. Bei einem kleinen Welpen ist es noch einfach, ihn durch Lob und Belohnung in die richtige Richtung zu lenken. Ein ausgewachsener Hund, der seine Zähne einsetzt, hat wesentlich mehr Kraft und das Verletzungsrisiko ist somit höher. Auch liegen dann in der Regel grundsätzliche Probleme zwischen Mensch und Hund vor, die es durch viel Training zu lösen gilt. Hat ein Hund erst gelernt, dass er durch das Beißen Erfolg hat, muss ein Profi heran, der die Ursache ermittelt. Bei einem Welpen haben Sie dagegen die besten Chancen, die Weichen für die Zukunft richtigzustellen.

Führen Sie klare Kommandos ein wie zum Beispiel „Aus“ oder „Nein“. Treibt es der kleine Racker zu wild, wird ein Spiel umgehend abgebrochen. Er erfährt dadurch, dass er keinen Erfolg mit Beißspielen hat. Erwischt er Sie im Übermut mit den Zähnen, zeigt ihm ein Schmerzenslaut Ihrerseits, dass er Ihnen wehgetan hat. Einem Welpen sind Sie körperlich überlegen - Sie dürfen daher in sanfter Konsequenz auch körperlich tätig werden und ihn etwa wegschieben, wenn er zu wild und aufdringlich wird, um sich dann von ihm abzuwenden. Ein lautes „Autsch“ in einem höheren Tonfall bedeutet dasselbe wie das Quietschen der Geschwister, wenn der Welpe diesen wehgetan hat, und auch er hat dieses Signal genutzt, wenn die Zähne eines anderen zu kräftig eingesetzt wurden.

Das diesbezügliche Training erstreckt sich nicht lediglich auf das Beißen, sondern auch auf ein etwaiges Knurren, beispielsweise, wenn Sie das Spielzeug oder einen verbotenen Gegenstand, der als Kauspielzeug missbraucht wird, wegnehmen. Keinesfalls dürfen Sie angeknurrt werden, wenn es um das Fressen geht.

Setzt Ihr Welpe gerne seine Zähne ein oder möchte er schon in jungem Alter seine Ressourcen verteidigen, verzichten Sie auf Zerr- und Raufspiele, oder setzen Sie solche allenfalls regelmäßig kurz und gezielt ein, um ein Abbruchsignal zu üben. Besser geeignet sind aber ruhigere Varianten, indem Sie vielleicht den Kauknochen gegen eine Futterbelohnung tauschen und in vielen kleinen, sich anbietenden Alltagssituationen üben. Das Ziel sollte sein, ein kooperatives Miteinander im Spiel zu fördern mit dem Lerneffekt für den Hund, dass er davon profitiert, wenn er Ihnen seine „Beute“ überlässt. Das Apportieren kann geeignet sein, alles in die richtigen Bahnen zu lenken.

Es gibt neben Welpen, mit denen konkret an der Beißhemmung zu üben ist, solche, die zwar eigentlich nicht dazu neigen, ihre Zähne einzusetzen, sich aber aus irgendeinem Grund nicht anders zu helfen wissen, vielleicht deshalb, weil sie zu sehr bedrängt werden. Das betrifft auch Junghunde. Bei einem Welpen zeigt der Abbruch in der Regel deutliche Wirkung:

Beißt er in die Haut oder Kleidung, wird das Spiel umgehend beendet und ein entsprechendes Kommando dazu gesagt. Gehen Sie dann von dem Welpen weg.

Bei einem besonders hartnäckigen Vertreter können Sie mit einer Box arbeiten, die der Welpe natürlich zuvor kennenlernen muss. Setzt er nach und ignoriert Ihren Abbruch, kommt er in die Box und darf eine kurze Auszeit nehmen. Sobald er sich entspannt, wird er von Ihnen gestreichelt, denn die sanftere Art des Körperkontaktes möchten Sie fördern und ihn außerdem loben. Spielen Sie das nächste Mal mit ihm, wenn er ebenfalls in einem recht entspannten Zustand ist. Ist er diesmal vorsichtiger, ist das wunderbar. Wird er erneut zu grob, folgen wieder Abbruch, Ignoranz und Auszeit. Da sich kein Welpe von seinem Menschen ignorieren lassen möchte, zeigt das früher oder später eine Wirkung. Sie müssen wie immer nur den längeren Atem haben. Sollten Sie so tatsächlich nicht weiterkommen, hilft nur ein guter Trainer, der Ursachenforschung betreibt und Sie anleitet, was im Fall Ihres speziellen Welpen zu tun ist.

Geht es um einen Junghund, ist zunächst klar zu ermitteln, ob es sich um mangelnde Sozialisierung handelt und die Beißhemmung einfach nicht entwickelt wurde, oder ob er aus einem bestimmten Grund zubeißt. Analysieren Sie vor allem die Situation:

- Geht es dem Hund um Ressourcen?
- Möchte er sich wehren, weil er bedrängt wurde?
- Will er sich einfach nichts sagen lassen und auf diese Weise seinen Kopf durchsetzen?
- Hat er sich erschreckt?
- Zeigt er dieses Verhalten nur oder eher einem bestimmten Personenkreis gegenüber (Kinder/Männer/Frauen/Fremde)?
- Setzt er seine Zähne gegen Artgenossen ein und wenn ja, in welchen Situationen?
- Wie und in welchen Abstufungen warnt er, bevor er zubeißt?
- Ist die Körperhaltung eher dominant oder erfolgt der Biss aus einer Rückzugshaltung heraus?

Diese und ähnliche Fragen helfen Ihnen, der Ursache auf den Grund zu gehen. Die letzte Frage ist besonders wichtig, da sich hier herauskristallisiert, inwieweit es an mangelnder Sozialisierung liegen kann, ob der Hund eine sehr niedrige Reizschwelle und Impulskontrolle hat, ob es grundsätzliche Probleme im Miteinander gibt oder ob schlicht seine Kommunikation, dass seine Grenze erreicht ist, missachtet wurde. Je nachdem ist der Trainingsansatz ein anderer. Wurden Warnsignale übersehen oder ignoriert, liegt das Problem eindeutig beim Menschen.

Trainingsstipp

Deutet der Hund durch seine Mimik und Körperhaltung an, dass er etwas für nicht in Ordnung befindet, ist das unbedingt zu beachten. Beim ersten Signal sollten Sie deeskalierend wirken und die Situation entschärfen. Langfristig können Sie daran arbeiten, das Übel aus der Welt zu schaffen, indem Sie den Hund schrittweise durch positive Erfahrungen oder Umlenkung an entsprechende Situationen neu heranführen oder, je nach Sachverhalt, das eigene Verhalten ihm gegenüber situativ ändern beziehungsweise andere Menschen in seinem Umfeld anweisen, das zu tun.

Unabhängig vom Grund muss Beißverhalten bereits im Ansatz, sobald es auch nur den kleinsten Vorfall gab oder der Hund zeigt, dass er bereit ist zuzubeißen, angegangen werden. Nehmen Sie das keinesfalls auf die leichte Schulter oder tun Sie es als einmaligen Ausrutscher ab - die möglichen Folgen für Sie, den Hund und die Umwelt sind nicht zu unterschätzen und je länger sich ein Verhalten sowie das dazu führende Problem gefestigt haben, umso schwerer ist es abzustellen. Scheuen Sie sich daher auch nicht, einen guten Trainer aufzusuchen.

12. Unternehmungen, Spiele, Sport und Spezialtraining für jede Alters- und Entwicklungsphase

Bei der Beschäftigung mit dem jungen Hund gibt es einige Grundregeln:

- Alter und Fähigkeiten berücksichtigen
- Einzelne Entwicklungsphasen erfordern gegebenenfalls das Auffrischen bereits trainierter Dinge.
- Vorlieben des Hundes berücksichtigen
- Trainingseinheiten durchdacht dosieren, nicht übertreiben und ausreichend Ruhephasen einräumen

Mit einem Welpen können Sie viele Dinge noch nicht machen, die mit juvenilen oder ausgewachsenen Hunden möglich sind. Dazu zählen vor allem sportliche Aktivitäten, aber auch anspruchsvolle Kopfarbeit. Im Welpenalter geht es neben der Sozialisierung vor allem darum, den Schützling auf das Leben vorzubereiten, um einen charakterfesten Zeitgenossen zu erhalten, der weder mit Umweltreizen noch im Umgang mit Menschen und anderen Hunden Probleme entwickelt.

Welpen müssen lernen, was sie dürfen und was sie nicht dürfen, welche Spielregeln es im Zusammenleben mit Ihnen und unterwegs gibt, müssen ihre Fähigkeiten entdecken und diese anwenden. Einem Welpen können Sie bereits die einfachen Grundkommandos wie das Sitzen, Liegen, Bleiben und Kommen sowie ein Abbruchsignal nahebringen. Das üben Sie spielerisch, später begleiten Sie die gewählten Grundkommandos durch das gesamte Leben mit dem Hund - sie werden im Training geübt, aber auch in beliebigen Alltagssituationen benötigt.

Die Beschäftigung mit dem Welpen fördert die körperliche Entwicklung im Hinblick auf die Koordination und den Bewegungsapparat sowie die geistige Entwicklung, schafft eine Vertrauensbasis und intensiviert die Bindung zwischen Hund und Mensch. Um die Entwicklung tatsächlich zu fördern und den Welpen auszulasten, aber weder körperlich noch geistig zu überfordern, müssen die Spiel- und Trainingseinheiten kurzgehalten werden: Etwa dreimal täglich fünf Minuten sind zu Beginn völlig ausreichend.

Da Welpen ihre Fähigkeiten noch nicht kennen, ebenso ihre Aufnahmefähigkeit und Kapazitäten nicht einschätzen können, liegt es in Ihrer Verantwortung, die Einheiten angemessen zu dosieren. Anschließende Streicheleinheiten leiten die Ruhephase ein - an diesen Rhythmus muss ein Welpe ebenfalls herangeführt werden. Das betrifft gleichermaßen Spaziergänge. Merken Sie sich für die Anfangszeit folgende Faustregel:

Die Dauer der Spaziergänge entspricht in Minuten dem Alter, gemessen an der Lebenswoche.
Mehr als zehn Minuten am Stück sollten Sie folglich mit einem

zehn Wochen alten Hund nicht draußen unterwegs sein. Je nach sonstiger Auslastung können es aber auch mal bloß fünf Minuten sein - es reicht dann, wenn er seine Geschäfte erledigen und ein wenig herumschnüffeln kann.

Trainingsstipp

Je nach Rasse und Größe dauert es unterschiedlich lang, bis ein Hund ausgewachsen ist. Bei einem kleinen Yorkshire Terrier ist das mit zehn bis elf Monaten der Fall, während große Hunde erst mit 15 Monaten, sehr große wie Doggen und Bernhardiner noch später ausgewachsen sind. Daher ist mit kleinbleibenden Hunden im Alter von einem halben Jahr schon mehr möglich, ohne sie zu überfordern oder zu überlasten, als mit solchen, die sich körperlich und geistig langsamer entwickeln. Beachten Sie außerdem, dass ein ausgewachsener Hund, der durch gemeinsame Unternehmungen mit einem halben Jahr schon viel Kondition, Ausdauer und Muskulatur aufbaut, später weiterhin ausgelastet sein möchte. Ziehen Sie sich also eine gut durchtrainierte „Sportskanone" heran, wird der Hund sich später nicht mit weniger zufriedengeben, sondern mehr fordern. Dem beugen Sie vor, indem Sie es bei Ihrem Junghund nicht übertreiben. Neben der körperlichen soll außerdem die geistige Auslastung nicht zu kurz kommen, diese lässt sich durchaus in ruhigem Rahmen durch Denkspiele integrieren.

Oft sind die Vorlieben und Fähigkeiten eines Hundes rassespezifisch. Retriever apportieren gerne, Terrier sind lauffreudig und verfügen über Jagdambitionen, Pudel lassen sich für trickreiche Abwechslung begeistern, Hütehunde sind agil und mögen geistige Herausforderungen. Erwarten Sie von einem gemütlichen Zeitgenossen oder solchem mit schwerem Knochenbau nicht, dass er Sie auf langen Strecken am Fahrrad begleitet, oder von einem bewegungsfreudigen, schlauen Border Collie, dass er mit kurzen, gemütlichen Spaziergängen und ein paar langweiligen Grundgehorsamsübungen zufrieden sein wird. Es deutet sich bereits im Welpenalter an, was Ihrem Vierbeiner mehr und weniger liegt, und jeder Welpe ist glücklich, wenn er sich in seinen Vorlieben und speziellen Fähigkeiten ausleben und entwickeln darf.

12.1 Futterspiele für jede Altersklasse

Über Futter lassen sich eigentlich alle Hunde gut trainieren. Denken Sie nur daran, die Futtergaben beim Training von den üblichen Tagesrationen abzuziehen. Welpen genügt es anfangs, wenn sie Futter auf dem Boden erschnüffeln dürfen. Nach und nach darf es anspruchsvoller werden, indem das Futter weiträumiger verteilt wird und er auch unter Stühlen und in Winkeln suchen muss. Alternativ lassen sich Toilettenpapierrollen, Eierkartons, Handtücher, Decken und Plastikbecher als kreative Versteckmöglichkeiten nutzen. Die Impulskontrolle lernt Ihr Welpe in Verbindung mit Grundgehorsamsübungen, indem Sie zum Beispiel Futter vor den sitzenden Hund auf den Boden oder in Ihre Hand legen und er warten soll, bis er es auf Ihr Kommando hin nehmen darf. Üben Sie alles in kleinen Schritten und gehen Sie immer nur so weit, wie der Welpe auch in der Lage ist, mitzumachen. Er braucht viele Erfolgserlebnisse und soll keinen Frust oder gar mangelnde Selbstsicherheit durch Misserfolge aufbauen.

Futterspiele lassen sich beliebig ausbauen und erweitern. Sie sind für Welpen interessant und können für Hunde jeder Altersklasse sowie mit variablen Fähigkeiten spannend und fördernd gestaltet werden.

12.2 Weitere Spiele für jedes Alter

Apportierspiele beginnen ebenfalls im kleinen Rahmen im Welpenalter, sie sind auch für den heranwachsenden Junghund noch interessant, sofern ihm das Apportieren liegt. Sie lassen sich mit geworfenen Gegenständen ausüben oder der Hund darf den zu bringenden Gegenstand suchen, was dann mehr in die Richtung der Nasenarbeit und Fährtensuche geht. Was besser geeignet ist, richtet sich nach dem individuellen Hund - probieren Sie es einfach aus.

Zerr- und Ballspiele können Sie dem Welpen durchaus zwischenzeitlich anbieten und bei heranwachsenden sowie ausgewachsenen Hunden beibehalten, sofern der Vierbeiner nicht in einen zu hohen Erregungszustand gerät oder Zerrspiele zu Rauferei und Ressourcenverteidigung führen. Halten Sie derartige Spiele beim Welpen ohnehin immer kurz, denn der Bewegungsapparat ist für solche Belastungen noch nicht ausgereift.

Rennspiele, etwa mit der Reizangel, sind für Welpen noch ungeeignet, sie würden die Kleinen überfordern. Es ist ohnehin sinnvoller, sich bevorzugt der Struktur und Sozialisierung zu widmen sowie den kleinen Vierbeiner und seine Vorlieben zunächst kennenzulernen, was Spiele durchaus einschließt. In diesem Alter ist viel Aktion aber nicht notwendig. Stellt sich heraus, dass Sie einen sehr quirligen Hund an der Seite haben, können Sie immer noch gezielt Bewegungsspiele einführen.

12.3 Beschäftigung für juvenile Hunde

Der Welpe wächst heran und damit verbessern sich Koordination und Leistungsfähigkeit. Ab dem siebten bis neunten Monat, je nach Rasse und Entwicklungsstand, stehen daher weitere Beschäftigungsmöglichkeiten zur Verfügung. Hilfreich ist es, wenn Sie nach der Welpenschule das Training in einer Hundeschule fortsetzen. Bei heranwachsenden Hunden geht es weiterhin um das Sozialverhalten und den Grundgehorsam. Sie erkennen durch die Interaktion mit anderen Hunden sowie die Kooperation mit Ihnen aber auch, was Ihr Hund für Wesenszüge zeigt, welche Vorlieben er hat und woran Sie eventuell hinsichtlich Ihrer Bindung und des Gehorsams noch üben müssen.

Ihr Hund soll selbstverständlich ganz Hund bleiben dürfen und muss keinen Kadavergehorsam unter Beweis stellen. Folgt er jedoch Ihren Kommandos zuverlässig, bedeutet das zugleich mehr Freiheit für ihn. Ein Hund, der nicht hört, ist ein Risiko für die Umwelt (Straßenverkehr, Jogger, Radfahrer) und kann weniger Freilauf genießen.

12.3.1 Nasenarbeit

Was bei dem Welpen in Form kleiner Futtersuchspiele beginnt, vielleicht in Kombination mit dem Apportieren, lässt sich in vielfältiger Weise ausbauen. Spaß macht es den meisten Hunden, ihre Spürnase einzusetzen und dafür auch noch lecker belohnt zu werden. Bei manchen Vierbeinern bietet es sich geradezu an, sich einen Teil ihrer täglichen Nahrungsration durch die Suche erarbeiten zu lassen. Viele Jagdhunde sind natürlich dazu berufen, Beute aufzuspüren, sofern sie nicht speziell zur Hatz gezüchtet wurden. Auch dann lassen sie sich geistig über Suchspiele gut auslasten, der Bewegungsdrang muss jedoch zusätzlich berücksichtigt werden, was den Einsatz einer Reizangel oder vielleicht auch das Apportieren sinnvoll machen kann.

Trainingsstipp

Beachten Sie, dass die Nasenarbeit zwar in der Natur des Hundes liegt, aber auch sehr anstrengend ist. Hierbei gilt daher besonders, es nicht zu übertreiben, sondern kleine Übungseinheiten einzubauen. Auch ausgebildete Such- und Spürhunde sind immer nur für begrenzte Zeit einsatzfähig und brauchen dann eine Pause.

Sofern Sie nicht nur privat etwas Nasenarbeit mit Ihrem Hund betreiben möchten, haben Sie unter professioneller Anleitung verschiedene Trainingsmöglichkeiten. Es spielt keine Rolle, ob Sie diese in Anspruch nehmen, um gemeinsam etwas mit dem Hund zu unternehmen und ihn körperlich sowie geistig auszulasten, oder ob Sie ihn tatsächlich zum Einsatz- und Gebrauchshund ausbilden möchten. Bei einem jungen Hund heißt es sowieso zunächst: Einfach ausprobieren, ob er sich dafür begeistern lässt. Denken Sie daran, dass nicht jede Rasse für die Nasenarbeit geeignet ist. Solche mit stark verkürzter Schnauze wie der Mops oder einige Zuchtlinien der Französischen und Englischen Bulldogge sind damit aufgrund der anatomischen Gegebenheiten, bis auf kleine Suchspiele zwischendurch, überfordert.

Art der Nasenarbeit	**Trainingsinhalt**	**Trainingsziel**
Fährtensuche	Verfolgen einer Spur, die gezielt gelegt wird, wobei der Hund auf der Spur hinterlassene Gegenstände anzeigen soll	reiner Hundesport
Mantrailing	Personensuche, der Hund nimmt Geruchspartikel der gesuchten Person auf, zum Beispiel über ein Kleidungsstück, und verfolgt die Spur anhand von kleinsten Hautpartikeln und Schweißabsonderungen	professionelle Ausbildung möglich

Pettrailing	Tiersuche, analog dem Mantrailing wird nach einem bestimmten Tier gesucht	professionelle Ausbildung möglich
Objektsuche	Auffinden eines Zielobjekts, auf das der Hund konditioniert wird	professionelle Ausbildung möglich (beispielsweise Drogenspürhund)
Obedience	Kombination aus Grundgehorsam und Übungen, Hund befolgt Kommandos und erledigt zwischendurch kleine Aufgaben wie eine Suche, etwas apportieren oder Distanzübungen	bindungsintensivierender Hundesport
Longieren	Training auf Distanz, der Mensch befindet sich in einem Kreis und der Hund führt außerhalb des Kreises Kommandos aus	bindungsintensivierender Hundesport

Agility	Durchlaufen eines Hindernisparcours unter Anleitung des Menschen	bewegungsintensiver Hundesport
Slowgility	langsamere Variante des Agility, gute Alternative für überdrehte oder ältere Hunde	konzentrations- und koordinationsfördernder Hundesport

Tabelle 5: Nasenarbeit - Training mit Ihrem Hund

Daneben gibt es zahlreiche weitere Sportarten für Hunde und es werden ständig neue entwickelt. Beim Treibball geht es darum, Gymnastikbälle zu einem bestimmten Ziel zu bringen, was ein Ausgleichstraining für Hütehunde sein kann. Beim Dog Frisbee fängt der Hund eine Frisbeescheibe, die vom Menschen vielfältig geworfen wird, und bringt sie zurück. Beim Dog Dancing wird der Grundgehorsam mit dem Ausführen kleiner Übungen und Kunststücke kombiniert. Im Zughundesport wird ein Schlitten oder Gefährt gezogen - ideal für Huskys und verwandte Rassen. Auf Rennbahnen sind Windhunde anzutreffen, denen der schnelle Sprint einschließlich der Verfolgung einer Beute im Blut liegt, um eine Alternative zur Jagd zu schaffen.

Für den professionellen Einsatz gibt es verschiedene Ausbildungen mit dem Ziel, einen zuverlässigen Begleiter zu erhalten, der variable Aufgaben übernehmen kann, zum Beispiel:

- Rettungshund
- Wasserrettungshund
- Begleithund
- Blindenführhund
- Therapiehund
- Hütehund
- Herdenschutzhund
- Jagdhund
- Diensthund
- Assistenzhund
- Wachhund

Solche Ausbildungen sind nur für Hunde geeignet, die tatsächlich in anspruchsvollen Bereichen professionell zum Einsatz kommen. Andernfalls können sie kaum ausgelastet werden, wenn ihnen die erlernte Aufgabe fehlt.

12.4 Clickertraining für Welpen und Junghunde

Das Clickertraining ist grundsätzlich für jeden Hund geeignet. Der Hintergrund dieser Trainingsform ist, dass der Hund auf das Geräusch des Clickers konditioniert wird, indem es als Belohnungssystem eingesetzt wird. Der Hund lernt durch positive Verstärkung, das Geräusch mit der Belohnung für etwas zu verbinden, was er toll gemacht hat. Das neutrale Geräusch des Clickers hat gegenüber der menschlichen Stimme den Vorteil, dass diese trotz aller Bemühungen bisweilen Gemütszustände oder Unwohlsein, etwa bei einer Erkrankung, mitschwingen lässt. Hat der Hund zuvor etwas angestellt, worüber Sie sich aufgeregt haben, können Sie ihn anschließend kaum so ungezwungen positiv loben, wie es in anderen Situationen üblich ist. Weiterhin neigen Menschen dazu, es nicht bei einem lobenden Wort zu belassen, sondern dieses mit einem Redeschwall zu verbinden, in welchem sie ihre Begeisterung ausdrücken. Das lenkt den Hund eher ab und verwirrt, als dass er sich durch das reine Lob ganz konkret - ohne Wenn und Aber - positiv bestätigt und bestärkt fühlt.

12.4.1 Konditionierung auf das Clickergeräusch

Der Anfang mit dem Clicker ist denkbar einfach: Der Hund erhält ein Leckerli aus der Hand und sobald er es nimmt, clickern Sie. Das lässt sich bereits bei Welpen anwenden. Machen Sie das drei- bis fünfmal hintereinander und üben Sie einige wenige Tage, ist die Verknüpfung zwischen dem Geräusch und dem Leckerli bereits hergestellt.

In einem zweiten Schritt halten Sie das Leckerli in der geschlossenen Hand. Sobald der Welpe oder Junghund die Hand mit der Nase berührt, betätigen Sie den Clicker in der anderen Hand, während er an das Leckerli darf. Hat er auch das verinnerlicht, können Sie ein bis zwei Sekunden warten, bevor Sie die Hand mit dem Leckerbissen öffnen: Der Hund berührt mit der Nase Ihre Hand, es ertönt der Clicker, kurz darauf öffnet sich die Leckerli-Hand. Mit viel Übung können Sie die Zeit noch weiter ausdehnen, bis der Hund nach dem Stups an die Hand das Leckerli bekommt - nur gilt wie immer: Lieber weniger und effektiv als überfordern und Frust aufbauen.

12.4.2 Anwendung des Clickers im Training

Auch der Einsatz im Training ist in Maßen schon mit einem Welpen möglich, sofern er einige Grundkommandos kennt und sie gerne ausführt. Andernfalls sollten Sie zunächst daran noch etwas arbeiten.

Es bietet sich in einem ersten Trainingsschritt an, den Hund mit einem Kommando wie „Komm“ oder „Hier“ zu sich zu rufen. Folgt er dieser Aufforderung, wird umgehend geclickert und er wird belohnt. Je nach Entwicklungsstand lässt sich der Clicker bei weiteren Grundkommandos wie „Sitz“ und „Platz“ einsetzen.

Das Wichtigste beim Clickern ist, dass Sie das Geräusch immer genau in dem Moment einsetzen, in dem der Hund etwas wunschgemäß richtiggemacht hat. Es darf keine zu große Zeitverzögerung geben, da er dann das Geräusch, welches er mit positiver Bestätigung verbindet, nicht mehr dem Verhalten zuordnen kann, das Sie loben möchten.

Bei einem Welpen sollten Sie das Clickern auf die kleinen Grundgehorsamsübungen beschränken oder maximal auf kleine Übungen zwischendurch erweitern, wenn Sie das

Apportieren üben. Mit einem juvenilen Hund, mit dem Sie bereits erweiterte Beschäftigungs- oder Sportvarianten absolvieren, können Sie auch das Clickertraining ausweiten oder einbeziehen.

Das ist beim erfolgreichen Überwinden eines Hindernisses ebenso möglich wie beim Erlernen kleiner Kunststücke oder beim Üben der Leinenführigkeit. Setzen Sie den Clicker zielgerichtet zur positiven Bestätigung ein, empfindet der Hund das Geräusch allein bereits als Belohnung. Üben Sie das Stupsen an der geschlossenen Hand mit sofortiger Clicker-Bestätigung und einer kurzen Wartezeit, bis der Hund auch die Futterbelohnung erhält, wirkt sich das positiv auf den Einsatz im Training aus: Er lernt, dass er seine „richtige" Belohnung auch mal zeitverzögert bekommt. So müssen Sie nicht ständig mit einer Futterbelohnung neben ihm stehen, sondern können den Clicker sogar im Distanztraining nutzen.

12.5 Körperliche Aktivitäten auf den Bewegungsapparat abstimmen

Bei einem Welpen muss sich der gesamte Bewegungsapparat erst entwickeln und stabilisieren. Die Knochen und Gelenke sind noch weich, die stützenden Bänder und Sehnen sind dehnbar, halten aber noch keinen großen Belastungen stand, und auch die Muskulatur will erst aufgebaut werden. Eine Überlastung hat häufig spätere Gelenkprobleme zur Folge und es sind bei regelmäßiger Überbeanspruchung Wachstumsstörungen möglich. Deshalb ist es enorm wichtig, mit einem Welpen alles langsamer angehen zu lassen und sich auf die Sozialisierung und Umweltgewöhnung zu konzentrieren. Damit ist er völlig ausgelastet und hat genug zu verarbeiten.

Die Bewegung kann sich mit dem Wachstum und der Konstitution steigern, eine vollständige Belastbarkeit ist jedoch erst bei einem ausgewachsenen Hund gegeben. Das Joggen oder Laufen am Rad steht mit einem Junghund noch in ferner Zukunft. Wohl aber können Sie im Laufe der Zeit ausgedehntere Spaziergänge unternehmen und der Hund darf auch mal ausgiebiger rennen und toben als im Welpenalter.

Planen Sie später gemeinsame sportliche Aktivitäten wie Joggen und Radfahren, können Sie durchaus die Zeit konstruktiv nutzen, bis der Hund soweit ist. Intensivieren Sie Übungen zum Grundgehorsam und der Leinenführigkeit mit dem Ziel, dass der Hund letztendlich zuverlässig neben Ihnen herläuft, wenn es die Situation gebietet stehenbleibt oder sich hinsetzt und wartet, Sie nicht in alle möglichen Richtungen ziehen möchte und sich nicht von allen denkbaren Umweltreizen oder anderen Hunden ablenken lässt.

Es spricht nichts dagegen, Ihren Hund vorab an das Fahrrad zu gewöhnen, indem Sie es einfach hinstellen und er es inspizieren darf. Sie können es ein Stück schieben und den Hund an der Leine neben sich herlaufen lassen. Damit er die erforderliche

Muskulatur und Kondition entwickelt, bieten sich Spaziergänge an, deren Länge immer etwas gesteigert werden kann. Auf solchen trainieren Sie zugleich im Hinblick auf ein harmonisches Zusammenspiel zwischen Ihnen und Ihrem Hund. Suchen Sie Orte auf, an denen es verschiedene Ablenkungen gibt und üben Sie auch dort, bis es reibungslos klappt.

Beim Joggen mag es allenfalls für Sie lästig bis unangenehm sein, wenn Ihr Hund nicht bereitwillig an Ihrer Seite mitläuft. Beim Radfahren allerdings kann es für Sie, den Hund und die Umwelt gefährlich werden. Ein Risiko beim Joggen betrifft im Gegensatz zu gemütlichen Spaziergängen ausschließlich Sie und den Hund, bedingt durch die höhere Laufgeschwindigkeit: Ein plötzlicher kräftiger Ruck an der Leine kann die Gelenke und den Rücken überstrapazieren.

Das Risiko für Ihren Hund minimieren Sie mit einem guten Geschirr, welches sich durch eine optimale Zugbelastungsverteilung auszeichnet, gut sitzt und den Bewegungsablauf nicht einschränkt. Sinnvoll ist außerdem eine Leine mit Ruckdämpfer, die eine ruckartige Belastung etwas abfedert. Wählen Sie zudem einen Bauchgurt, an dem die Leine befestigt wird, haben Sie sogar die Hände frei. Für sich selbst tun Sie das Beste, wenn Sie vorab Zeit in die Erziehung investieren, um einen zuverlässigen Begleiter an der Seite zu haben. Vergessen Sie darüber lediglich nicht, dass Ihr Hund nicht nur funktionieren, sondern bei gemeinsamen Ausflügen auch Spaß mit Ihnen haben möchte.

Ist es endlich soweit und Ihr Hund kann Sie nun beim Joggen und Radeln begleiten, gilt wiederum: Fangen Sie langsam an, wählen Sie anfangs kurze Strecken und drosseln Sie das Tempo. Zunächst sind wenige Minuten ausreichend. Strecke und Tempo können Sie sukzessive steigern, wenn der Hund die erforderliche Muskulatur und Ausdauer entwickelt. Nur dann hat auch er langfristig Freude daran, Sie zu begleiten, und Sie gehen kein unnötiges Verletzungsrisiko für ihn ein.

Hinweis

Hunde mit einem sehr schweren Knochenbau oder Rassen wie Möpse sind keinesfalls für einen derartigen Ausdauersport geeignet, da die Gelenke überlastet werden. Grundsätzlich ist in den Sommermonaten an warmen Tagen darauf zu achten, für den Lauf- und Radsport ausschließlich die kühleren Morgen- und Abendstunden zu wählen. Dem Hund droht andernfalls Überhitzung und das Laufen auf heißem Grund führt zu Verbrennungen an den Pfotenballen.

13. Trainingsphase 5: Der Hund wird erwachsen

Die dritte besondere Phase nach der Rangordnungsphase und der juvenilen Phase mit der Pubertät, dem Einsetzen der Geschlechtsreife und den Umbauarbeiten im Gehirn folgt - die Adoleszenz: Ihr Hund reift vom Jugendlichen zum Erwachsenen heran. Diese Phase lässt sich recht treffend als „Sturm- und Drangzeit" bezeichnen.

Die eigene Persönlichkeit und der Charakter werden zusehends gefestigt, daneben wird der Aufmerksamkeitsradius des Hundes größer. Viele Vierbeiner entfernen sich nun auch mal weiter von ihren Menschen - sie nabeln sich noch mehr ab. Die Bindung zwischen Mensch und Hund bleibt selbstverständlich bestehen und sollte auch in dieser Zeit weiter intensiviert werden. Der Hund wird jedoch eigenständiger und ist deutlich bemüht, eigene Entscheidungen zu treffen, basierend auf der Sozialisierung und den bisherigen Erfahrungen.

Hinweis

Die zeitliche Zuordnung der Adoleszenz zum Alter des Hundes bewegt sich in einem sehr großen Rahmen, abhängig von der Entwicklungsgeschwindigkeit. Bei kleinbleibenden Hunden kann diese Phase bereits im sechsten oder siebten Lebensmonat einsetzen, wobei sich der Übergang von der Pubertät, so wie bei allen Entwicklungsphasen, fließend gestaltet. Bei großen Rassen und Mischlingen beginnt sie einige Monate später und dauert entsprechend länger an. Einige sind erst mit 24 Monaten oder später erwachsen, während kleinere Exemplare bereits mit einem Jahr ausgereift sind.

Manch ein Hund wirkt in dieser Zeit gelegentlich etwas konfus, was nicht weiter verwunderlich ist, da sich sowohl der Wahrnehmungs- als auch der Bewegungsradius sowie die Eigenständigkeit gleichermaßen erweitern. Das kann damit einhergehen, dass ein Hund eben noch mit seinem Kauknochen beschäftigt ist, ihm schlagartig einfällt, dass er mal wieder seine Menschen zum Kuscheln aufsuchen könnte, und auf dem Weg dorthin erregt etwas anderes seine Aufmerksamkeit oder er hat eine neue spontane Idee.

Unterwegs kann der Geruch eines anderen Hundes die Aufmerksamkeit erregen und der Hund möchte markieren, vergisst es aber direkt wieder, weil irgendetwas in der Ferne sein Interesse weckt, um prompt von einem anderen Reiz abgelenkt zu werden. Daher kommt es auch während des Trainings vor, dass ein Hund gerade noch voll und ganz bei der Sache ist und im nächsten Moment offensichtlich völlig vergessen hat, worum es gerade geht, weil ihn etwas anderes neugierig macht.

Wie die Aufmerksamkeitsspanne sprunghaft wechseln kann, ist ein gesteigertes Maß an Impulsivität möglich. Das kann sich auf die Leinenführigkeit auswirken, da dem Hund, in Anbetracht der großen weiten Welt mit ihren vielen interessanten Reizen, die Orientierung an Ihnen erschwert wird. Erneut muss er lernen, sich in dem erweiterten Wahrnehmungsfeld zu orientieren sowie seinen Platz im dem großen Gefüge um sich herum neu finden und festigen. Ebenso muss er seine Position unter Artgenossen neu definieren, sich unter Gleichgeschlechtlichen behaupten und ist innerlich dazu angetrieben, dem anderen Geschlecht zu imponieren. Das ist je nach Charakter unterschiedlich ausgeprägt, aber in dieser Phase stets ein Aspekt.

Für die Erziehung und das Training bedeutet das: Struktur gewinnt erneut an Bedeutung und bietet dem Hund einen sicheren Rahmen zur Orientierung. Dadurch kann er seine Kapazitäten der Auseinandersetzung mit seinen neuen, erweiterten Eindrücken widmen. Oft zeigen Hunde mit dem Erwachsenwerden neue Verhaltensweisen. Das betrifft insbesondere die Ressourcen: Die eigene Beute, das eigene Futter oder Leckerli müssen vor den Artgenossen verteidigt bzw. in Sicherheit gebracht werden, Besucher werden als Eindringlinge empfunden und der Postbote wird zum größten Feind erklärt. Vielleicht klebt Ihnen der Hund auch eher am Bein, weil er durch seine neuen Wahrnehmungen und seine neue Sicht der Dinge verwirrt oder verunsichert ist. Er orientiert sich dann stärker an Ihnen, da Sie ihm Sicherheit und Halt vermitteln. Ein anderer

Charakter vergisst unterwegs nicht nur seine Leinenführigkeit, sondern entwickelt sich regelrecht zum Leinenpöbler.

Fremde Menschen werden von dem einen oder anderen Vierbeiner nun anders wahrgenommen und als suspekt empfunden, gehören sie doch weder zum eigenen Rudel noch ins eigene Revier. Was also wollen diese in Ihrer und in der Nähe des Hundes? Forschere Charaktere können dazu ansetzen, Fremde abwehren zu wollen, zurückhaltendere Persönlichkeiten legen den Rückwärtsgang ein. Hunde müssen einfach vieles neu bewerten, wobei jeder individuelle Schwerpunkte hat. Wie auch in den einschneidenden Entwicklungsphasen zuvor ist es Ihre Aufgabe, den nunmehr Jugendlichen anzuleiten, ihn souverän zu führen, konsequent zu bleiben. Er soll zwar eigenständig lernen, mit vielen Situationen, Eindrücken und Reizen umzugehen, doch er braucht Sie an seiner Seite in der Gewissheit, Ihnen im Zweifel vertrauen zu können und Ihre Unterstützung zu erhalten. Stellen Sie weiterhin die Regeln des Zusammenlebens auf, muss Ihr Hund dies nicht tun:

Ja, er soll seinen eigenständigen Charakter entwickeln und festigen, er darf selbst für sich beobachten und beurteilen, aber er soll keineswegs den Eindruck bekommen, nun auf sich alleine gestellt zu sein und alles alleine regeln zu müssen.

13.1 Individuelle Verhaltensweisen erfordern individuelles Training

Ein Thema in Ihrem Zusammenleben ist sicher der Empfang von Besuch. Es klingelt oder klopft an der Tür und Ihr Hund stürmt hin - entweder, um die Gäste freudig zu begrüßen, oder um ihnen mitzuteilen, dass sie unerwünscht sind. In beiden Fällen gilt der Grundsatz: Sie gehen zur Tür und kümmern sich darum, das muss Ihr Jungspund nicht für Sie regeln. Dieser bleibt hinter Ihnen oder wird auf seinen Platz geschickt, was Sie am besten in ruhigem Rahmen üben. Sie begrüßen den Besuch und entscheiden, ob er willkommen ist. Sie geben auch dem Besuch klare Verhaltensregeln mit, dass dieser Ihren Liebling nun nicht bestürmt, sondern sich zunächst einfach ruhig setzen soll. Gegebenenfalls schicken Sie den Hund erneut auf seinen Platz. Erst, wenn wieder Ruhe eingekehrt ist, darf auch der Hund den Besuch begrüßen und umgekehrt.

Bei vielen Hunden etabliert sich das schnell, solche mit Wach- und Schutzambitionen oder ausgeprägtem Territorialbewusstsein brauchen in der Regel ein intensiveres Training. Eine Möglichkeit ist es, einen solchen Hund anzuleinen und hinter Ihnen warten zu lassen, wenn Sie die Tür öffnen. Das üben Sie und belohnen anfangs jeden Moment der Entspannung oder Bellpause. In einem Mehrpersonenhaushalt ist es einfacher, da sich eine zweite Person um den Hund kümmern kann, wenn die andere sich zur Tür begibt. Solange der Hund offensiv ist, wird gar nichts unternommen - er bleibt an der Leine und Sie warten ab, sein Verhalten ignorierend. Das ist mühselig und kann zur Nervenprobe werden, zahlt sich aber aus: Ihr Hund wird früher oder später begreifen, dass er mit seinem Offensivverhalten nicht weiterkommt, eine abwartende Haltung dagegen stets belohnt wird und daher erstrebenswerter für ihn ist.

Ein ganz besonderer Besucher ist für viele Hunde der Postzusteller. Tag für Tag kommt dieser Mensch zum Haus, oft forschen Schrittes, da er es eilig hat. Schlägt ein Hund jetzt nur ein einziges Mal an, hat er umgehend ein Erfolgserlebnis und fühlt sich darin bestätigt, denn der Zusteller geht wieder. Das liegt natürlich nicht daran, dass der Hund angeschlagen hat, aber für ihn sieht es so aus. Daher behält er dieses erfolgreiche Verhalten bei und verjagt den Eindringling auch zukünftig.

Im Idealfall beugen Sie dem vor und stellen den Zusteller frühzeitig als Freund vor. Statten Sie ihn mit Leckereien aus, die er Ihrem Hund geben darf, wird er schnell freudig begrüßt anstatt als fremder Eindringling verbellt. Alternativ können Sie ein begehrtes Spielzeug in der Nähe des Briefkastens oder der Tür platzieren, das er dem Hund überreicht oder wirft. Dieses wird anschließend wieder dort hingelegt - er bekommt es ausschließlich vom Zusteller. Gelingt es nicht, diesen zum Freund zu machen oder wurde es versäumt, bleibt nur, aggressives Verhalten wieder mühsam abzutrainieren.

Ein weiteres häufiges Thema ist Leinenaggression. Sie kann auftreten im Zusammenhang mit:

- schneller Bewegung (Straßenverkehr, Jogger, Radfahrer)
- Hundebegegnungen generell
- bei bestimmten Hunden
- Menschen, Kindern

Zunächst ist wissenswert, dass der Leinenradius die Privatsphäre von Mensch und Hund darstellt. Weiterhin ist der Hund durch die Leine in seiner freien Kommunikation eingeschränkt - er kann zum Beispiel nicht beliebig weit ausweichen. Begegnen sich gut sozialisierte fremde Hunde nicht angeleint, nähern sie sich einander in einem Bogen an und beobachten, wie das jeweilige Gegenüber eingestellt ist. Sie nehmen aus der Ferne den Geruch des anderen wahr und verständigen sich über ihre Körpersprache, ob ein gegenseitiges Kennenlernen erwünscht ist oder nicht. Wer keinen Kontakt möchte, hat das Recht, dies unmissverständlich klarzumachen, und wenn einer dem anderen zu aufdringlich ist, gibt es deutliche Signale, dass er eine Grenze überschreitet. Ist beiderseits Kontakt gewünscht, nähern sich die Hunde immer wieder abwartend und beobachtend einander weiter an, um sich anschließend direkt zu beschnüffeln, wobei sie sich oft umkreisen, oder aber es zeigt sich gleich durch die Körperhaltung, wer von beiden den dominanteren Part einnimmt.

„Die regeln das unter sich“ ist oft zu hören, wenn sich fremde Hunde begegnen, gleichgültig, ob angeleint oder nicht angeleint. Das tun sie zweifelsfrei: Was bleibt ihnen anderes übrig, wenn Menschen sie in derartige Situationen bringen, als die Konfrontation auszubaden und eben zu regeln. Es ist jedoch widernatürlich bzw. nicht den biologischen Anlagen entsprechend.

Im obigen Szenario, welches wirklich gut sozialisierte Zeitgenossen voraussetzt, die gelernt haben, zu kommunizieren und die Individualdistanz, die Privatsphäre des anderen nicht einfach zu unterschreiten, kommt es nicht selten vor, dass beide gar keinen näheren Kontakt aufnehmen, sondern den anfänglichen großen Bogen beibehalten und so respektvoll und konfliktfrei aneinander vorbeigehen. Bei Welpen verhält sich das noch völlig anders - sie lernen erst noch. Mit dem Eintritt der Geschlechtsreife stellen Hunde fest, dass sie gar nicht jeden Artgenossen so sehr mögen, dass es Konkurrenz gibt und der Sexualtrieb sie das andere Geschlecht begehrenswert finden lässt.

In der Adoleszenz intensiviert sich diese Wahrnehmung noch und der Hund vertritt zunehmend seine eigenen Interessen den Artgenossen gegenüber. Nun gibt es solche, die sehr umgänglich sind oder über eine hohe Toleranzschwelle verfügen, die durchaus mit Nahkontakt zu fremden Hunden umgehen können, sich aufgrund einer ausgelassenen Spielbegeisterung darüber freuen oder deeskalierendes Verhalten zeigen, um die Situation zu entspannen, der sie eigentlich lieber aus dem Weg gegangen wären. Andere mögen es weniger und das ist zu akzeptieren - vom Besitzer ebenso wie von anderen Menschen und Hunden.

Das sind die Hintergründe aus Sicht des Hundes, die zu Leinenaggression gegen Artgenossen führen können. Das kann mit weiteren Faktoren einhergehen, etwa schlechten Erfahrungen, mangelnder Leinenführigkeit oder Erziehungsfehlern. Manche Hunde neigen auch einfach von ihrer Persönlichkeit her dazu. Lösen schnelle Bewegungen eine solche Reaktion aus, kann das durch Jagdtrieb bedingt sein. Geht es um fremde Menschen oder Kinder, kann fehlende Sozialisierung, negative Erfahrung oder Fehlverhalten fremder Menschen dazu führen, etwa dann, wenn der Hund bedrängt wird.

Je nach Ursache ist die Herangehensweise eine andere, das Ziel jedoch stets dasselbe: Sie möchten entspannt mit Ihrem Hund umherlaufen und er soll sich gesellschaftskonform verhalten anstatt an der Leine zu pöbeln.

Trainingsstipp

Grundsätzlich ist eine gute Leinenführigkeit die beste Basis im Umgang mit Leinenaggression. Sie können den Hund hinter sich bringen oder auf die der Situation abgewandte Seite, sodass Sie sich dazwischen befinden. Auf diese Weise sichern Sie die gemeinsame Privatsphäre und die Individualdistanz Ihres Hundes. Eine gute Bindung und ein Vertrauensverhältnis erleichtert das nochmals, denn Ihr Hund weiß, dass er sich auf Sie verlassen kann. Bleiben Sie ruhig, erweisen Sie sich als souverän und zuverlässig, so überträgt sich Ihre Haltung auf den Hund. Bringen Sie dagegen selbst Unruhe und Stress in die Situation, indem Sie den sich in die Leine werfenden Hund mit einem Ruck zurückziehen und sein Bellen lautstark zu unterbinden versuchen, erfährt der Hund nur, dass gar nichts unter Kontrolle ist und wird in seiner Ruhelosigkeit bestätigt. Der innere Stress des Hundes steigt möglicherweise. Was Sie tun können ist, in ruhigen Situationen mit Ihrem Hund zu üben - an der Leinenführigkeit, sich selbst zwischen den Hund und beliebige Objekte zu bringen und kleine Aufgaben einzubauen, die den Hund beschäftigen und später eingesetzt werden, damit er sich dieser Aufgabe widmet statt dem Gegenstand, der ihn aufwühlt. Wie immer gilt: Zunächst ist eine wirklich ruhige, ablenkungsfreie Umgebung zum Üben wichtig. Klappt hier alles reibungslos, üben Sie an Orten, an denen etwas mehr Ablenkung herrscht, aber keinesfalls der Gegenstand der Leinenaggression mit ins Spiel kommt. Klappt auch das, kann der Grad der Ablenkungsfaktoren langsam gesteigert werden. Erst zum Schluss wird der Gegenstand der Aggression einbezogen, aber in sicherer Ferne. Das darf wiederum langsam gesteigert werden, immer nur so weit, wie es ohne Eskalation möglich ist. Schritt für Schritt lernen Sie so gemeinsam, immer entspannter zu bleiben. Zur Not hilft auch hier ein guter Trainer, falls Sie alleine nicht weiterkommen.

Das sind nur einige Beispiele, welche Probleme für Besitzer häufiger auftreten, wenn der Hund zunehmend erwachsen wird. Ganz gleich, worum es bei Ihnen geht: Versetzen Sie sich stets in die Lage des Hundes, betreiben Sie Ursachenforschung und denken Sie daran, dass Sie eine Alternative anbieten und üben müssen, um ein Verhalten umzulenken. Üben Sie in kleinen Schritten und achten Sie darauf, dass auch Spiel, Spaß, Kuscheleinheiten und Ruhezeiten auf der Tagesordnung nicht zu kurz kommen.

14. Rund um die Ernährung

In den ersten Lebenswochen nehmen die Welpen über die Muttermilch alle wichtigen Nährstoffe und immunisierende Antikörper auf. Das setzt voraus, dass die Mutter gesund ist, die gängigen Impfungen erhalten hat und selbst ausgewogene Nahrung erhält. Daher ist es so bedeutsam, dass Sie sich bei der Auswahl des Welpen auch ein Bild von der Mutter, ihrem Zustand und den Lebensumständen machen können, denn nur, wenn es ihr gut geht, sind auch die Welpen angemessen versorgt.

Sobald die Milchzähne durchstoßen, gibt es neben der Muttermilch Beifutter - gelegentlich wird schon vorher zugefüttert, sollte die Muttermilch nicht für alle Welpen ausreichen. Langsam wird die Zufütterung gesteigert, bis die Welpen von der Mutter entwöhnt sind und nur noch vom Menschen gefüttert werden. Mit acht Wochen sind alle Milchzähne vorhanden und alle Welpen bereits vollständig umgestellt.

In der Wachstumsphase ist der Energiebedarf sehr hoch und es ist besonders wichtig, dass das Hundebaby alle notwendigen Nährstoffe in ausreichender Menge erhält. Eine Unterversorgung führt zu Entwicklungsstörungen und gesundheitlichen Problemen. Gutes Welpenfutter hat einen hohen Fleisch- und Proteinanteil. Das Fleisch liefert die erforderlichen Fette und

Eiweiße. Füllstoffe wie Getreide hingegen sind überflüssig, da sie nicht verwertet werden können. Als Kohlehydratquelle eignen sich Kartoffeln, Reis und Süßkartoffeln im Futter, auch Obst und Gemüse darf anteilig enthalten sein.

Geben Sie am Anfang das gewohnte Futter vom Züchter und stellen Sie gegebenenfalls langsam auf eine andere Sorte um: Der Magen-Darm-Trakt ist noch ungeübt und lernt erst, unterschiedliche Nahrungskomponenten in variabler Zusammensetzung zu verwerten. Füttern Sie mehrere kleine Portionen am Tag, denn auch mit größeren Mengen ist das Verdauungssystem noch überfordert. Bei der Menge richten Sie sich nach den Fütterungsempfehlungen des Herstellers. Kontrollieren Sie regelmäßig das Gewicht des Welpen und beobachten Sie sein Fressverhalten, können Sie die Menge gegebenenfalls noch individuell anpassen - der Energiebedarf ist nicht bei allen Hundebabys gleich. Ab etwa sechs Monaten können Sie zur zweimaligen Fütterung am Tag übergehen: Beginnen Sie mit vier Mahlzeiten, reduzieren Sie diese mit vier Monaten auf drei, ab einem halben Jahr auf zwei.

Die Herstellerangaben verraten Ihnen, bis zu welchem Lebensmonat das Futter geeignet ist - mit einigen Monaten ändert sich der Nährstoff- und Energiebedarf der heranwachsenden Hunde. Wechseln Sie auf spezielles Futter für Junghunde, indem Sie wiederum eine sukzessive Umstellung vornehmen. Sie geben immer etwas mehr vom neuen Futter dazu und reduzieren dafür das bisherige. Ausgewachsene, erwachsene Hunde werden schließlich auf das endgültige Futter umgestellt, das allenfalls gewechselt werden muss, wenn es aus gesundheitlichen Gründen erforderlich ist. Erst im Seniorenalter ändert sich noch einmal der grundlegende Bedarf.

Hinweis

Einige Rassen haben besondere Ansprüche an die Ernährung, bedingt durch den Körperbau, die Endgröße, Fellbeschaffenheit, Aktivitätslevel und Konstitution. Windhunde benötigen zum Beispiel mehr Kohlehydrate als andere Hunde und können einen hohen Proteingehalt nicht verwerten. Die Kohlehydrate liefern ihnen sofortige Energie. Für den bei anderen Hunden üblichen Proteingehalt haben sie dagegen keine Verwendung, da ihnen die Fettschicht unter der Haut fehlt. Informieren Sie sich daher, ob es für Ihren Hund spezielle Anforderungen an die Ernährung gibt.

14.1 Ausgewogene Ernährung des Welpen für ein gesundes Wachstum

Da sich der Bedarf des Welpen konkret nach dessen Endgröße und individuellen Anlagen richtet, kann es keine pauschalen Aussagen und Empfehlungen geben. Allerdings gibt es Grundlegendes, was Sie zum Zusammenhang zwischen der Ernährung und einem gesunden Wachstum wissen sollten. Wachstum betrifft neben dem Körper und Bewegungsapparat auch das Gehirn: Es wächst, lernt und bildet sich bis zum Erwachsenenalter weiter aus. Dafür benötigt es Energie und Nährstoffe. Ebenso verhält es sich mit dem Nervensystem sowie dessen komplexem Zusammenspiel mit den Körperfunktionen und dem Gehirn. Am Beispiel des Windhundes bedeutet das: Erhält er mit der Nahrung zu wenig Kohlehydrate und stattdessen zu viel Protein, hat das übermäßige Nervosität und Ablagerungen in den Gefäßen zur Folge. Beides beeinträchtigt die Gesamtkonstitution und den Gesundheitszustand nachhaltig.

Betrifft	Hintergrund oder Entwicklungsphase	Erläuterung und Folgen
Hauptwachstumsphase	bis etwa zur Pubertät	das Skelett wächst und stabilisiert sich, Muskelmasse wird aufgebaut, Sehnen und Bänder bilden sich vollständig aus
Nährstoffmangel	während der Hauptwachstumsphase	Missbildungen, Knochen- und Gelenkschäden, langsamere geistige Entwicklung

Nährstoffüberschuss	während der Hauptwachstumsphase	beschleunigtes Wachstum, Fehlbildungen des Bewegungsapparates durch zu hohes Gewicht im Verhältnis zur Knochenstabilität und Muskulatur
Mineralstoffversorgung	Skelettwachstum, Knochenstabilität	insbesondere Kalzium und Phosphor in ausgewogenem Verhältnis sind für die Mineralisierung der Knochen erforderlich, sehr wichtig sind auch Kupfer und Zink
Proteine	Entwicklung des gesamten Organismus	Überschuss belastet Stoffwechsel und Organe, Unterversorgung führt zu Fettablagerungen zulasten des Muskelaufbaus

Energiever-sorgung	täglicher Bedarf und Wachstumsgeschwin-digkeit	Fehlversorgung birgt Risiko von kümmerlichem oder zu schnellem Wuchs, Hersteller-angaben beachten, bei Zweifeln einen Tierarzt oder Er-nährungsberater fragen

Tabelle 6: Zusammenhang zwischen Ernährung, Entwicklungsphase und deren Folgen

Auch bei einem erwachsenen Hund hat eine Fehlernährung selbstverständlich langfristig gesundheitliche Folgen. Diese können jedoch eher ausgeglichen beziehungsweise korrigiert werden als bei einem Welpen und juvenilen Hund: Fehlbildungen und grundsätzliche Entwicklungsstörungen beeinträchtigen den Hund ein Leben lang und können selbst durch medizinische Maßnahmen oft nur schwer oder gar nicht behoben werden. Informieren Sie sich daher beim Züchter, lassen Sie sich von fachlich versierten Menschen beraten oder erkundigen Sie sich beim Tierarzt, was dieser speziell für Ihren Welpen empfiehlt. Anschließend fällt die Wahl des richtigen Futters leichter und die erhaltenen Informationen nebst Herstellerangaben und Fütterungsempfehlungen auf die Größe und das Gewicht abgestimmt, lassen die richtige Tagesmenge schnell herausfinden. Behalten Sie Ihren Schützling im Auge. Kontrollieren Sie regelmäßig Größe und Gewicht, sind zeitnahe Anpassungen der Menge jederzeit möglich.

14.2 Gesunde Leckerli selbst gemacht

Beim Hundefutter machen sich die Menschen viele Gedanken und wählen die Sorte sorgfältig aus. Bei den Belohnungshappen für zwischendurch sieht das oft ganz anders aus - es handelt sich schließlich nicht um die Hauptnahrung. Die Leckerbissen dazwischen sollen gut riechen und schmecken, damit sich der Hund auch wirklich belohnt fühlt. Das ist rein menschlich gedacht, denn Hunde fühlen sich auch durch ermunternde Worte oder Streicheleinheiten in ihrem Verhalten bestätigt und gelobt. Aber es spricht natürlich nichts dagegen, im Training mit Futterbelohnung zu arbeiten, zumal viele Hunde dann mit Begeisterung bei der Sache sind.

Die Leckereien ziehen Sie im Idealfall vom Hauptfutter ab. Damit wird deutlich, dass auch die Belohnungshappen gesund sein sollten. Das beste Hauptfutter bringt nur halb so viel, wenn der Hund zwischendurch regelmäßig das erhält, was ihm auf Dauer nicht so gut bekommt. Haben Sie Lust, selbst zu backen? So wissen Sie genau, was Ihr Liebling frisst und sind flexibel mit den Zutaten. Die folgenden Rezepte sind leckere Beispiele - einzelne Inhalte können Sie variieren und natürlich auch selbst kreativ werden.

Für Hundeleckerli geeignet sind unter anderem folgende Lebensmittel:

- Vollkornmehl, Maismehl, Dinkelmehl, Kartoffelmehl
- Haferflocken
- Frischkäse, Hüttenkäse, Quark, Naturjoghurt
- Rinderhack, Geflügelhack, Thunfisch
- Eier
- Karotten, Äpfel
- Kartoffeln, Süßkartoffeln, Spinat
- Rinderbrühe

Ungeeignet sind Zutaten wie Zucker, Schokolade, Rosinen, Knoblauch, Zwiebeln und weitere für Hunde schlecht oder nicht verträgliche Nahrungsmittel.

Hinweis

Selbst gebackene Hundeleckerli mit Fisch oder Fleisch können im Kühlschrank einige Tage aufbewahrt oder eingefroren werden. Solche ohne Fleisch oder Fisch können trocken gelagert werden, allerdings nicht in luftdicht verschlossenen Gefäßen, da sie dort zur Schimmelbildung neigen. Das Nachtrocknen nach dem Backen verlängert die Haltbarkeit, da noch ein guter Teil Feuchtigkeit entweichen kann.

14.2.1 Hundekekse mit Thunfisch

Für das Grundrezept benötigen Sie:

1 Dose Thunfisch
etwa 100 g Mehl
1 Ei

Am besten eignet sich Thunfisch im eigenen Saft. Bei Mehl können Sie variieren: Die Leckerlis lassen sich mit Maismehl, Dinkelmehl oder Kartoffelmehl zubereiten, alternativ mit Haferflocken. Je nach verwendetem Mehl beziehungsweise Haferflocken-Sorte schwankt die benötigte Menge. Fügen Sie das Mehl daher langsam zu und in der Menge, bis der Teig die richtige Konsistenz hat, um die Kekse zu formen.

Zubereitung:
Geben Sie das Ei und den Thunfisch in eine Schüssel und verrühren Sie beides. Fügen Sie unter Rühren das Mehl oder die Haferflocken hinzu. Sobald die Konsistenz stimmt, formen Sie die Hundekekse. Dabei dürfen Sie kreativ sein, wobei die Backzeit je nach Größe der Leckerlis variieren kann: Formen Sie etwa walnussgroße Kügelchen und drücken Sie diese zu flacheren Plätzchen, formen Sie kleine Knochen oder stechen Sie beliebige Formen aus.

Heizen Sie den Backofen bei Umluft auf 150 °C vor. Legen Sie die Kekse auf ein Blech mit Backpapier. Je nach Größe beträgt die Backzeit +/- 30 Minuten.

Tipp:

Gesunde Leckerli dürfen auch Kräuter, Obst und Gemüse enthalten: Fügen Sie dem Teig für die Thunfisch-Kekse gehackte Petersilie oder eine bis zwei geraspelte Karotten hinzu.

14.2.2 Quark- und Käsesnacks

Für das Grundrezept benötigen Sie:

150 g körnigen Frischkäse, mageren Quark oder Hüttenkäse
etwa 200 g feine Haferflocken oder
Mehl bzw. beides in anteiliger Menge
1 Ei
3 bis 6 Esslöffel Milch oder Buttermilch
3 bis 6 Esslöffel Olivenöl

Für diese Kekse eignet sich Dinkel- Roggen- oder Vollkornmehl.

Zubereitung:
Vermischen Sie zunächst das Ei und den Quark oder Käse miteinander. Geben Sie anschließend je drei Esslöffel Milch und Öl hinzu und verrühren Sie alles unter Zugabe von Mehl, bis der Teig eine gute Konsistenz hat. Diese können Sie durch die weitere Zugabe von Milch, Öl und Mehl korrigieren. Formen Sie Röllchen oder Kügelchen daraus und legen Sie diese auf ein Blech mit Backpapier.

Der Backofen wird auf 150 °C vorgeheizt. Die Backzeit beträgt, abhängig von der Größe der Snacks, +/- 20 bis 25 Minuten.

Tipp:

Geben Sie einen Esslöffel Honig oder Ahornsirup hinzu, verfeinert das den Geruch und den Geschmack - manche Hunde lieben es. Statt eines ganzen Eis können Sie lediglich das Eigelb verwenden, was den Snacks eine geschmeidigere Konsistenz verleiht. Dem Teig können zusätzlich 100 - 200 g Rinderhack zugefügt werden; die Backzeit sollte dann rund 30 Minuten bei gut 180 °C betragen.

14.2.3 Obst- und Gemüse-Kekse

Für das Grundrezept benötigen Sie:

200 g Mehl oder Haferflocken, wahlweise anteilig beides
150 g Naturjoghurt
geriebenes Obst oder Gemüse

Hier können Sie gut Dinkelmehl oder Kartoffelmehl verwenden. An Obst oder Gemüse eignen sich 1 Apfel, 1 - 2 Karotten oder 1 Süßkartoffel.

Zubereitung:
Vermischen Sie das geriebene Obst oder Gemüse mit dem Joghurt und geben Sie unter Rühren das Mehl und/oder die Haferflocken hinzu. Der Teig soll sich nach dem Kneten gut ausrollen lassen - die Geschmeidigkeit korrigieren Sie durch die Menge des Mehls/der Haferflocken und gegebenenfalls etwas Öl. Rollen Sie den Teig anschließend aus und schneiden oder stechen Sie Formen aus. Diese legen Sie auf ein Blech mit Backpapier.
Bei 150 °C sind die Kekse in 30 bis 45 Minuten fertiggebacken.

Tipp:

Ersetzen Sie einen kleinen Anteil des Mehls durch Reismehl oder runden Sie den Geschmack mit einem Esslöffel Honig, Ahornsirup oder Zimt ab.

Viel Spaß beim Ausprobieren!

15. Hundegesundheit - für ein glückliches Leben

In den ersten Lebenswochen sind Welpen durch die Muttermilch vor gefährlichen Krankheiten geschützt. Anschließend ist die Immunisierung durch eine Impfung erforderlich. Diese wird durch eine erste Impfung in etwa der achten Lebenswoche durchgeführt - also noch beim Züchter, Vorbesitzer oder bei Ihnen. Die Erstimpfung dient der Bildung von Antikörpern gegen:

- Staupe (Viruserkrankung)
- Parvovirose (hochansteckende Infektionskrankheit)
- Leptospirose (bakterielle Infektion)
- Hepatitis (HCC)
- eventuell Zwingerhusten

Die Erstimpfung wird durch eine zweite etwa vier bis sechs Wochen später ergänzt, um die Grundimmunisierung abzuschließen. Dann erfolgt zusätzlich eine Impfung gegen Tollwut. Auch diese muss später wiederholt werden.

Vor den Impfungen erfolgt eine tierärztliche Untersuchung, da der Welpe gesund sein muss. Dabei wird idealerweise auch ein allgemeiner Gesundheits- und Entwicklungscheck nebst Gewichtskontrolle durchgeführt.

Im selben Zeitraum wird der Welpe gegen innere Parasiten behandelt: Die Entwurmung erfolgt in zeitlichem Abstand von einigen Tagen vor oder nach der Impfung, um das Immunsystem nicht zu überlasten.

15.1 Warum ist die Impfung notwendig?

Das Impfen von Hunden ist an sich keine Pflicht. Allerdings sind die obigen Krankheiten gefährlich und können mit dem Tod des Tieres enden. Nur durch die Impfung sind sie in Deutschland weitgehend eingedämmt. Das bedeutet aber keinesfalls, dass die Immunisierung dadurch nicht mehr sinnvoll wäre, denn insbesondere durch den Welpenhandel ausländischer Vermehrer, Menschen, die sich gegen eine Impfung ihres Hundes entscheiden, oder durch Wildtiere sind immer noch Übertragungen möglich. Solche erfordern keinen direkten Kontakt zu einem infizierten Hund - es genügt in vielen Fällen das Schnuppern an kontaminierten Ausscheidungen. Auch über das Ablecken der Pfoten nach einem Erregerkontakt unterwegs ist eine Infektion möglich.

Krankheiten wie Parvovirose und Staupe nehmen schnell einen lebensgefährlichen Verlauf. Parvovirose geht mit blutigem Durchfall einher, der den Welpen oder auch älteren Hund schnell enorm schwächt. Eine Behandlung durch den Tierarzt kommt bei einem zu geschwächten Hund oft zu spät und selbst dann, wenn sie erfolgreich sein sollte: Die schwache

Konstitution während der Erkrankung beeinträchtigt die gesamte Entwicklung des Welpen in der Wachstumsphase und bleibt daher selten ohne Folgen. Ebenso verhält es sich bei Staupe, die verschiedene Bereiche des Organismus befallen kann. Ein Hund, der Staupe überlebt, leidet meist unter Spätfolgen. Diese sind in der Regel irreparabel und indem die Viren versteckt im Organismus überleben können, sind auch nach Jahren erneute Ausbrüche möglich.

Damit der Hund ein Leben lang vor derartigen Risiken bei diesen und den weiteren gefährlichen Krankheiten geschützt ist, kann eine Impfung nur dringend empfohlen werden. Nach der Grundimmunisierung ist eine regelmäßige Auffrischungsimpfung notwendig - die Intervalle richten sich nach dem jeweiligen Impfstoff. Die Impfungen werden im EU-Heimtierausweis eingetragen, hier sind auch die Folgetermine ersichtlich.

15.2 Innere und äußere Parasiten

Zu den *inneren Parasiten* zählen Würmer unterschiedlicher Art. Einige schwächen den Hund «nur», der Befall mit anderen kann unbehandelt sogar tödlich enden. Beim Welpen ist ein geschwächtes Immunsystem durch harmlosere Varianten riskant, da wiederum die Entwicklung beeinträchtigt werden kann und je nach Konstitution des Welpen auch das Herz-Kreislauf-System betroffen sein kann.

Daher werden Welpen entwurmt - auch diesbezüglich besteht in den ersten Lebenswochen ein Schutz über die Muttermilch. Die Entwurmung wird wie die Impfung regelmäßig wiederholt: Sie funktioniert nicht vorbeugend, sondern eliminiert lediglich die vorhandenen Parasiten. Nach der Entwurmung können unterwegs neue aufgenommen werden. Das geschieht häufig über das Beschnuppern von Ausscheidungen (nicht nur anderer Hunde). Mit einigen Parasiten müssen folglich alle Hunde leben und können das auch, allerdings werden unterwegs ständig neue aufgenommen, die vorhandenen vermehren sich im Organismus oder richten auf Dauer Schäden an. Daher erfolgt die regelmäßige Behandlung mit einem Wurmmittel. Sprechen Sie mit Ihrem Tierarzt die Intervalle ab. Oft wird die halbjährige Entwurmung empfohlen. Bei einigen Hunden kann das Intervall aufgrund eines eingeschränkten Risikos höher ausfallen, bei anderen wird ein kürzeres empfohlen.

An *äußeren Parasiten* haben Hunde in erster Linie mit Flöhen und Zecken zu kämpfen. Flohbisse verursachen starken, unangenehmen Juckreiz bis hin zu Hautirritationen, Entzündungen und Allergien. Zudem können sie Würmer übertragen. Flöhe halten sich nur teilweise auf dem Hund auf und tummeln sich ansonsten auf den Schlafplätzen, wo sie sich auch vermehren. Einige Floharten befallen zudem den Menschen. Die vorbeugende Behandlung des Hundes ist sinnvoll, um ihm einerseits das Leiden zu ersparen und es andererseits gar nicht so weit kommen zu lassen, dass neben dem Hund auch der gesamte Wohnraum eine wirksame Behandlung zur Eliminierung der Flöhe erfordert. Eine solche ist aufwendig, da sie wiederholt werden muss, sobald der Nachwuchs aus den bereits gelegten Eiern schlüpft und wirklich jeder Winkel von den Blutsaugern befreit werden muss.

Vorbeugende Mittel gibt es als Halsband mit einem Insektizid, das langsam über Wochen und Monate ins Fell des Hundes abgegeben wird und die Parasiten abtötet. Alternativ erhalten Sie vom Tierarzt ein Spot-on-Präparat, welches in den Nacken geträufelt wird, oder eine Tablette, die einige Monate wirksam ist - das Insektizid wird dann über das Blut abgegeben, sobald sich die kleinen Tiere daran laben möchten.

Zecken sind ebenfalls ernst zu nehmende Blutsauger. Die kleinen dunklen Krabbeltiere lauern unterwegs in der Natur, lassen sich durch den vorbeilaufenden Hund abstreifen und beißen sich in der Haut fest. Dort saugen sie sich über Tage voll mit Blut, wobei sie an Umfang zunehmen. Oft sitzen sie an versteckten Stellen und bei Hunden mit längerem Fell sind sie nur schwer aufzuspüren, sofern Sie beim Streicheln nicht zufällig eine Verdickung feststellen. Das Entfernen erfolgt mit einer Zeckenzange oder Pinzette, wobei es wichtig ist, dass die Zecke samt Kopf entfernt wird und dieser nicht in der Haut verbleibt.

Die Bissstelle verursacht, je nach Empfindlichkeit, Juckreiz oder kann sich entzünden. Das ist unangenehm für den Hund, aber längst nicht das Schlimmste. Je länger sich eine Zecke festsaugt, umso höher ist das Risiko, dass sie Krankheitserreger überträgt. Häufig tragen Zecken die Erreger der Borreliose,

Anaplasmose und Frühjahrsmeningitis in sich. Borreliose wirkt sich zunächst in recht unspezifischen Symptomen aus. Die Erreger können unterschiedliche Bereiche des Organismus befallen und sich auch verstecken, was den Nachweis erschwert. Der Hund kann Probleme mit dem Bewegungsapparat bekommen oder auch mit dem Nervensystem - bis hin zu einer allgemeinen Schwächung mit Folgen. Eine Behandlung ist am erfolgversprechendsten, wenn sie zeitnah nach der Infektion erfolgt, was sich jedoch aufgrund der oft so unklaren Anzeichen nicht immer einfach gestaltet. Außerdem können sie erst Tage bis Wochen nach einem Zeckenbiss auftreten. Ein Zusammenhang wird deshalb gelegentlich übersehen.

Ähnlich verhält es sich bei Anaplasmose. Sie kann wie Borreliose verschiedene Bereiche des Organismus schädigen - bis hin zu einer Beeinträchtigung der Nerven und des Gehirns. Die Erfolgsaussichten zwischen der Infektion und der Diagnose bzw. Behandlung nehmen mit der Zeit ab. Bleibende Schäden sind möglich, im Extremfall besteht für den Hund Lebensgefahr.

Bei der Frühjahrsmeningitis handelt es sich um eine Hirnhautentzündung. Ein eindeutiger Nachweis ist nur durch eine Untersuchung des Rückenmarks möglich. Auch diese Krankheit bricht nicht sofort nach dem Zeckenbiss und der Infektion aus. Anaplasmose und Hirnhautentzündung können mit hohem Fieber einhergehen. Das Gesamtbefinden des Hundes wird beeinträchtigt, meist in Kombination mit motorischen Störungen bis hin zu Lähmungserscheinungen.

Das sind triftige Gründe, jeden Hund durch wirksame Mittel vor äußeren Parasiten zu schützen. Bei einem Welpen gesellt sich zum allgemeinen Risiko der Erkrankungen dazu, dass er ein Leben lang unter den Entwicklungsstörungen und den daraus resultierenden Folgen zu leiden hat. Ohnehin kann jede der durch Zecken übertragenen Krankheiten Spätfolgen haben, auch bei einem erwachsenen Hund. Und jede kann einen lebensbedrohlichen Verlauf nehmen.

15.3 Kennzeichnung durch den Mikrochip

In einigen Bundesländern ist die Kennzeichnung durch einen Mikrochip-Transponder Pflicht. Er wird dem Hund unter die Haut injiziert und kann mit einem speziellen Gerät ausgelesen werden. Das Auslesen führt zur Anzeige einer langen Nummernkombination, die bei jedem Chip einmalig ist. Ihr Hund kann auf diese Weise jederzeit identifiziert werden. Auch bei Auslandsreisen ist die Chip-Kennzeichnung für Hunde in der Regel verpflichtend. Die Chip-Nummer wird nach der Injektion durch den Tierarzt ausgelesen und im EU-Heimtierausweis vermerkt.

Der wesentliche Vorteil der Kennzeichnung ist, dass Sie Ihren Hund anschließend samt seiner einmaligen Nummer registrieren können - etwa bei einem Verein wie TASSO. Sollte er aus irgendeinem Grund mal entlaufen und aufgefunden werden, genügt das Auslesen des Chips sowie ein Anruf bei TASSO und

Sie können umgehend als Besitzer ermittelt und kontaktiert werden. Unzählige Menschen und Tiere haben auf diese Weise wieder zusammengefunden.
Grundsätzlich spielt es keine Rolle, in welchem Alter ein Hund gechipt wird. Einige Tierärzte erledigen dies bereits mit der ersten Impfung. Geschieht das nicht, können Sie die Chip-Kennzeichnung jederzeit später noch vornehmen lassen. Ratsam ist es in jedem Fall dann, wenn der Bewegungsradius des Hundes größer wird und er sich vom kleinen, noch hilflosen Welpen zum eigenständigeren Charakter entwickelt. Kleine Draufgänger erkunden gerne die Welt und ein verlockender Duft kann sie sich schon mal verirren lassen, wenn sie außer Sichtweite gelangen. Es ist ebenso möglich, dass sich ein Hund plötzlich erschreckt und sich aus dem Halsband oder Geschirr windet. Unfälle bergen ebenso das Risiko einer panikartigen Flucht, davor sind auch die ansonsten stabilsten Charaktere nicht gefeit.

15.4 Die Sache mit der Kastration

Beim Thema Kastration scheiden sich die Geister: Die Befürworter haben für ihre Meinung ebenso gute Argumente wie die Gegner. Gründe für die Kastration von Rüden und Hündinnen sind häufig:

- Nachwuchs vermeiden
- triebgesteuertes Verhalten

- ausgeprägter Sexualtrieb
- hormonbedingte Neigung zu Aggression
- Scheinträchtigkeit der Hündin
- innen liegender Hoden beim Rüden
- sonstige krankheitsbedingte Gründe (Hodenkrebs, Gebärmutterhalskrebs und andere)

Bei einem sexuell extrem aktiven Rüden kann eine Kastration durchaus sinnvoll sein, denn er leidet darunter, ständig attraktive Hündinnen in der Nase zu haben und sie nicht begatten zu dürfen - oder er neigt dazu auszureißen, um eben das zu tun. Scheinträchtige Hündinnen leiden ebenfalls und im Falle einer Erkrankung, die durch die Kastration zu lindern oder zu eliminieren wäre, stellt sich die Frage nach einem „Ja“ oder „Nein“ ohnehin nicht.

Gelegentlich ist es aber menschliche Bequemlichkeit, die den Gedanken an eine Kastration aufkommen lässt. Manchmal wird sie auch zur Lösung von Problemen mit einem Hund angestrebt, wo eigentlich ein gutes Training nötig wäre. Eine Kastration ist kein Patentrezept gegen unerwünschtes Verhalten, welches aus Erziehungsfehlern, mangelnder Bindung zwischen Hund und Mensch oder schlichtweg aus Wesenszügen resultiert. Manch eine Rasse ist grundsätzlich eigenständiger und weniger kooperativ als andere und erfordert daher besondere Konsequenz und Souveränität im Umgang. Eine Kastration löst derartige Probleme nicht.

Da die Kastration nicht rückgängig zu machen ist und jeder operative Eingriff auch Risiken einschließt, sollten Sie sich in aller Ruhe Gedanken darüber machen und die Vor- und Nachteile abwägen. Die Kastration hat Folgen auf den Hormonhaushalt und wirkt sich sowohl auf den Organismus als auch psychisch auf den Hund aus:

- Geruchsveränderung: Intakte Artgenossen wissen nicht, ob es sich um „Männlein" oder „Weiblein" handelt und missachten daher gelegentlich kastrierte Hunde.
- Inkontinenz: Das Risiko ist zwar sehr gering, dennoch können kastrierte Hündinnen eine hormonbedingte Inkontinenz entwickeln.
- Gewichtszunahme: Das Aktivitätslevel kastrierter Hunde kann sinken und auch die Stoffwechselfunktionen können sich ändern, gelegentlich steigt zusätzlich der Appetit, wodurch sie schneller an Gewicht zulegen.
- Fellstruktur: Das Fell kastrierter Hunde wird manchmal plüschig oder entwickelt bei früher Kastration gar nicht erst seine eigentliche Struktur.
- Entwicklung: Werden Hunde früh kastriert, kann sich die Entwicklung bis zum Erwachsenenalter verlangsamen, sie brauchen dann länger als üblich, bis sie körperlich und geistig ausgewachsen und gereift sind.
- Verhalten: Die zu frühe Kastration kann zur Folge haben, dass der junge Hund eher sein Jungspundverhalten beibehält und vermeintlich im Kopf gar nicht erwachsen wird.

Praxistipp

Bevor Sie sich endgültig entscheiden, sprechen Sie ausführlich mit Ihrem Tierarzt und ziehen Sie gegebenenfalls einen Trainer hinzu. Er kann dahingehend beraten, ob die Kastration überhaupt hinsichtlich Ihrer Beweggründe eine Rolle spielt oder ob ein spezielles Training zielführend ist. Sprechen die Argumente dafür, nutzen Sie zunächst die Möglichkeit einer chemischen Kastration: Dem Hund wird wie bei der Kennzeichnung ein Chip injiziert, der in den Hormonhaushalt eingreift. Die Wirkung hält etwa sechs bis zwölf Monate an und dient als Test. Der Chip wirkt wie eine Kastration, die Wirkung lässt aber wieder nach, die Angelegenheit ist also nicht endgültig und irreparabel. Einige Wochen nach dem Einsetzen verändert sich der Hormonhaushalt des Hundes so, wie er es auch nach der Kastration täte. Das gibt Ihnen Gelegenheit zu beobachten und herauszufinden, ob eine Kastration den angestrebten Effekt hätte, zum Beispiel, wenn Sie sexuelle Hyperaktivität vermuten. Auf Basis dessen können Sie guten Gewissens eine Entscheidung für oder gegen die endgültige Kastration treffen. Besprechen Sie mit dem Tierarzt und gegebenenfalls dem Trainer unbedingt auch den geeigneten Zeitpunkt für eine Kastration. Sie kann in bestimmten Fällen frühzeitig ratsam sein, in anderen Fällen ist es besser abzuwarten, bis die Entwicklung des Hundes weitgehend abgeschlossen ist.

15.5 Sonstige Krankheiten und Erste Hilfe

Jeder Hund leidet in seinem Leben unter verschiedenen Erkrankungen. Dazu zählen vor allem Durchfall und Erbrechen. Auch kann sich jeder Vierbeiner mal erkälten. Kleinere Verletzungen wie Schrammen und Schnittwunden kommen ebenfalls häufiger vor.

Es ist nicht immer notwendig, einen Tierarzt aufzusuchen. Eine kleine Magenverstimmung können Sie gut selbst behandeln.

Bei Durchfall können Kohletabletten oder Möhrensuppe Linderung verschaffen. Erbricht der Hund sein Futter, frisst er es oft wieder auf und es ist kein weiteres Eingreifen erforderlich. Erbricht er hellen Schaum, kann das ein Anzeichen auf erhöhte Magensäure sein. Hier hilft oft etwas Heilerde. Als Schonkost bei einer Magenverstimmung bietet sich gekochtes Huhn mit Reis und Karotten an.

Ausschlaggebend ist immer der Gesamtzustand Ihres Hundes. Ist er abgeschlagen, fiebrig, apathisch oder ist der Auswurf blutig, sehr dunkel und übelriechend, bzw. hält der Zustand trotz Erste-Hilfe-Maßnahme an, ist ein Tierarzt aufzusuchen. Kleinere Hautverletzungen können Sie selbst desinfizieren und wenn Ihr Hund mal etwas humpelt, hilf oft Ruhe und Schonung. Treten im Zusammenhang mit einer Verletzung andere Auffälligkeiten auf, hat der Hund starke Schmerzen, handelt es sich um eine tiefe Wunde oder ist der Puls nebst geweiteten

Pupillen flach, ist dagegen der rasche Gang zum Tierarzt notwendig. Zum Desinfizieren sollten Sie stets etwas im Haus haben - geeignet ist zum Beispiel Betaisodona. Hat sich Ihr Hund vertreten, hilft manchmal die schnelle Gabe geeigneter homöopathischer Mittel. Geht es um eine Ballenverletzung, schützt ein straffer Verband die Wunde, alternativ besorgen Sie ihm Hundeschuhe.

Schützen Sie Ihren Hund im Sommer vor Überhitzung und im Winter vor Unterkühlung. Frühe Spaziergänge außerhalb der Mittagshitze, ein Liegeplatz im Schatten, gegebenenfalls auf einer Kühlmatte oder einem feuchten Tuch, sind die beste Prophylaxe. Im Winter kann ein Hundemantel sinnvoll sein, bei Erkältung hilft dem Hund ein Schal.

Können Sie bei Ihrem Hund selbst Fieber messen, gibt Ihnen das im Fall von Auffälligkeiten einen Hinweis über den Ernst der Lage: 38 bis 39 °C sind etwa der Normalbereich. Ab 40,5 °C oder bei einer Temperatur von unter 37,5 °C ist die Lage kritisch und der Tierarzt muss helfen. Eine zu niedrige Temperatur kann bei Unterkühlung auftreten, aber auch im Zusammenhang mit einem schwachen Herz-Kreislauf-System stehen. Bei Temperaturen außerhalb des Normbereichs ist immer Ruhe wichtig, bis der Tierarzt den Hund behandeln kann.

Achten Sie darauf, dass das Erste-Hilfe-Set samt Notfall-Apotheke immer vollständig ist und besprechen Sie mit dem Tierarzt, was Sie eventuell für Ihren individuellen Hund zu Hause zur Hand haben sollten. Neben den üblichen Krankheiten und Verletzungsrisiken neigen verschiedene Hunde rassebedingt zu bestimmten Beschwerden oder weisen spezielle Empfindlichkeiten auf: Bei einem Allergiker ist es beispielsweise ratsam, Cortison-Tabletten für den Notfall vorrätig zu haben.

16. Fazit: Ein Welpe bereichert das Leben

Die Faszination, das Leben mit einem Hund zu teilen, beginnt bereits mit den ersten vagen Gedanken, sich einen Welpen ins Haus zu holen. Um dem Welpen ein glückliches Leben zu ermöglichen, informieren Sie sich vorab, was auf Sie zukommt, und machen sich Gedanken, welcher Welpe mit seinen Wesenszügen und Veranlagungen am besten zu Ihnen passt.

Die Zeit des Heranwachsens ist unvergesslich: Aus dem hilflosen, niedlichen, oft noch recht tapsigen und unbeholfenen kleinen Hundebaby wird zusehends ein Hund mit eigenem Charakter, geprägt durch Ihre liebevolle Erziehung. Die unruhige, bisweilen nervenaufreibende erste Zeit, bis der Welpe stubenrein ist und gelernt hat, dass er seine Zähne nur an Kauspielzeug und seinem Futter einsetzen soll, wird durch das treue, zu Ihnen aufschauende Wesen mit seiner zunehmenden Eigenständigkeit schnell überlagert und Sie haben zusammen viel Freude.

Der Welpe wird Sie immer wieder vor Herausforderungen stellen, insbesondere bei Entwicklungsschüben wie in der Rangordnungsphase, der Pubertät und der Adoleszenz. Doch gerade diese Zeiten gemeinsam zu meistern, schweißt Sie immer mehr zu einem Team zusammen und der Welpe wächst innerlich daran, bis er eines Tages erwachsen ist. Jetzt sind viele spannende und aufregende Unternehmungen mit Ihrem Hund möglich, der nun körperlich und geistig vollständig entwickelt ist. Sie haben einen neuen, zuverlässigen besten Freund gewonnen, der dankbar für Ihre Fürsorge und Liebe ist und diese gerne zurückgibt. Kommt es zwischenzeitlich zu Problemen, können Sie auch diese zusammen bewältigen und werden so zu einem einzigartigen Gespann.

Die Erfahrungen im Zusammenleben mit einem Hund sind unersetzlich. Unvergesslich wird die intensive Zeit bleiben, auch noch Jahre nach dem Ableben des Hundes, da er als Welpe bei Ihnen einzog, um an Ihrer Seite die große Welt zu entdecken und mit Ihrer Unterstützung heranzuwachsen.

17. Der Trainingsplan im Überblick - In 7 Schritten zum glücklichen und gut erzogenen Hund

Werfen Sie zur Orientierung immer wieder einen Blick in den Trainingsplan, der in den vorliegenden Ausführungen anhand verschiedener Trainingsphasen erläutert wurde. Er richtet sich nach den Entwicklungszyklen des Welpen sowie seinem Wesen, seinen Fähigkeiten, Fortschritten und eventuellen spezifischen Problemen, die sich im Zusammenleben ergeben. Der Trainingsplan ist als Richtlinie zu verstehen, da mit dem individuellen Wesen stets ein individueller Umgang erforderlich ist. Verstehen Sie daher die Zeit- beziehungsweise Altersangaben als Richtwerte: Die tatsächliche Trainingsgeschwindigkeit bestimmt immer der Welpe und Sie können natürlich erst beginnen, wenn er bei Ihnen einzieht. Meist ist das im Alter von acht Wochen, aber es kann auch später sein.

Bauen Sie das Training und die Erziehungsschwerpunkte immer Schritt für Schritt auf. Sparen Sie nicht an Lob und Belohnung, denn die Erfolgserlebnisse bestätigen Ihren Welpen und motivieren ihn dazu, weiter mitzumachen.

17.1 Die Trainingsschritte 1 bis 7

Im Alter von sechs Wochen ist ein erster aussagekräftiger Wesenstest mit einem Welpen möglich. Dabei wird einerseits festgestellt, um welchen Typ Hund es sich handelt, andererseits ergeben sich daraus bereits Trainingsschwerpunkte und Aspekte, die bei der Erziehung zu berücksichtigen sind.

1. Trainingsschritt: In den ersten beiden Wochen bei Ihnen - Der Welpe ist dann meist in der 8. bis 10. Lebenswoche und lernt das nähere Umfeld kennen:

- Lassen Sie den Welpen in Ruhe ankommen, Sie kennenlernen und die Umgebung erkunden. Zeigen Sie ihm seinen Ruheplatz sowie die Futterstelle und lassen Sie ihn vor allem in den ersten Nächten nicht alleine schlafen. Das erste konkrete Training beginnt sofort mit der Stubenreinheit, die aufgestellten Regeln werden vom ersten Tag an umgesetzt. Auch an Halsband, Geschirr und Leine darf er schon gewöhnt werden. Ansonsten braucht Ihr Welpe zunächst viel Ruhe, Geborgenheit, körperliche Nähe und soll Gelegenheit haben, Vertrauen in Sie zu entwickeln.

2. Trainingsschritt: In der 3. und 4. Woche - Das entspricht etwa dem Alter von 11 bis 12 Wochen. Der Bewegungs- und Erlebnisspielraum wird erweitert:

- Im nächsten Trainingsschritt soll der Welpe zunehmend Bekanntschaft mit weiteren Umweltreizen machen. Er darf die Geräusche des Straßenverkehrs kennenlernen, erfahren, dass es noch zahlreiche weitere Menschen und Tiere gibt, dass in der Umgebung wesentlich mehr zu entdecken ist als der Platz zum Lösen. Er soll viele unterschiedliche Orte mit vielfältigen Gerüchen, Geräuschen und Gegebenheiten erleben. Das Trainingsziel ist, ihn mit Neuem bekanntzumachen, ihm dabei angenehme Erfahrungen zu verschaffen und Unsicherheiten zu nehmen. Das dient dazu, dass er sich selbstverständlich durch die unterschiedlichsten Alltagssituationen bewegt und festigt die Bindung zu Ihnen, da Sie ihm immer zuverlässig zur Seite stehen. Zu Hause darf der Welpe lernen, dass auch mal Besuch kommt. Je nachdem, wie der Welpe mit allem umgeht, ergeben sich für Sie viele kleine Ansätze zum Üben mit ihm. Eine spielerische Herangehensweise wird dem Hundekind gerecht, ebenso viel Lob und Belohnung bei allem, was es richtigmacht.

3. Trainingsschritt: Umgang mit Artgenossen:

- Ab der 12. oder 13. Lebenswoche sind Welpen in der Regel bereit für den ersten offiziellen Unterricht. Sie sind dann geimpft, gegen Parasiten behandelt, dürfen die Welpenschule besuchen oder in privat organisiertem Rahmen Gleichaltrige unterschiedlichster Rassen kennenlernen. Die Welpen lernen somit, dass manche Hunde anders aussehen und kommunizieren, lernen zunehmend die eigenen Kräfte und Fähigkeiten kennen und zu akzeptieren, dass auch andere Hunde Bedürfnisse, eigene Interessen und Grenzen haben. Darauf aufbauend sind auch Kontakte mit souveränen erwachsenen Artgenossen möglich. Ihre Aufgabe dabei ist es, Ihren Welpen zwar Erfahrungen sammeln zu lassen und sich auszuprobieren, ihm aber Grenzen zu setzen, wenn er übertreibt, und ihm Sicherheit und Schutz zu geben, wenn seine eigenen Grenzen überschritten werden.

4. Trainingsschritt: In der 13. bis 20. Lebenswoche - Zeit für den Grundgehorsam:

- Ihr Hundebaby hat sich schon beträchtlich weiterentwickelt und viel gelernt. Der Welpe hat seine Fähigkeiten und Stärken erkundet, ist mit beliebigen Alltagssituationen vertraut und hat an Selbstbewusstsein gewonnen. Jetzt möchte er mehr vom Leben entdecken und sich behaupten, auch Ihnen gegenüber. Sofern noch nicht geschehen, steht nun der Grundgehorsam auf dem Erziehungsplan. Kennt Ihr Hund bereits einige Kommandos, festigen Sie dies durch gezieltes Training, denn aus Ihrem Jungspund soll ein zuverlässiger Begleiter werden. Gehen Sie spielerisch heran, hat Ihr Welpe Spaß am Training und lässt sich bereitwillig animieren, mit Ihnen zu kooperieren. Er soll lernen, dass Sie weiterhin die Führung innehaben, und sich an Ihnen orientieren. Das gemeinsame Training schweißt Sie noch enger zusammen. Kommandos wie „Sitz“, „Platz“, „Aus“, „Bleib“ und „Hier“ begleiten ihn künftig durch das gesamte Hundeleben - jetzt legen Sie den Grundstein dafür, dass Ihr Hund diese verinnerlicht. Wählen Sie Spiele und Beschäftigungen, die Ihrem Welpen liegen, und bauen Sie die Gehorsamsübungen ganz nebenbei ein. Auf diese Weise schaffen Sie zugleich die Basis für das weiterführende Training.

5. **Trainingsschritt:** Gemeinsam durch die Pubertät:

- Die Pubertät setzt mit der Geschlechtsreife ein. In welchem Alter das geschieht, ist unter anderem von der Endgröße des Hundes abhängig. In welchem Ausmaß sich die Hormonumstellung auswirkt, ist bei jedem Vierbeiner anders. Oft scheint es, dass der Hund alles bisher Erlernte vergessen hat. In dieser Phase ist nur wichtig, dass Sie geduldig bleiben, die Erziehung einfach fortsetzen und für Ihren Hund da sind. Er möchte Sie nicht ärgern und benötigt Ihre Unterstützung. Sobald die Umbaumaßnahmen im Gehirn abgeschlossen sind und er sich mit den neuen Eindrücken der Geschlechtsreife auseinandergesetzt hat, kann er auch wieder besser mit Ihnen zusammenarbeiten. Klare Abläufe und Strukturen helfen Ihnen beiden durch diese oft turbulente Zeit.

6. Trainingsschritt: Veranlagungen und Fähigkeiten gezielt fördern:

- Welpen sind spielfreudig und in ihren Vorlieben nicht so wählerisch wie erwachsene Hunde. Je älter Ihr Hund wird, umso deutlicher kristallisieren sich seine Fähigkeiten und Veranlagungen heraus, die oft rassespezifisch, aber auch persönlichkeitsbedingt sind. Nach der Pubertät, auf dem Weg zum Erwachsenwerden, ist die Zeit für gezielteres Training gekommen. Ihr Hund ist alt genug für die Hundeschule und kann konkret an eine Hundesportart herangeführt werden, die ihm liegt. Vieles lässt sich auch privat trainieren - sei es Apportieren, Nasenarbeit, Fährtensuche oder was auch immer interessant für Sie und Ihren Vierbeiner ist. Lediglich Ausdauersport wie am Fahrrad laufen ist noch nicht möglich, aber Sie können Ihren Hund bereits darauf vorbereiten, indem Sie den Grundgehorsam und die Leinenführigkeit festigen.

7. Trainingsschritt: Spezielle Erziehungsmaßnahmen für den individuellen Hund:

- Nun ist der Hund auf dem besten Weg und bald ausgewachsen. Er hat seinen individuellen Charakter gefestigt und wird zusehends eigenständiger. Er beurteilt viele Situationen für sich selbst und reagiert darauf, wie er es für richtig hält. Nicht immer ist das gezeigte Verhalten vom Menschen erwünscht. Besucher werden stürmisch begrüßt oder verbellt, der Postbote wird zum Erzfeind erklärt, auf Spaziergängen an der Leine werden andere Hunde angepöbelt. Sie werden selbst erleben, welche „Macken" Ihr eigener Schützling zeigt. Doch noch ist die Entwicklung des Hundes nicht abgeschlossen und Sie haben die besten Chancen für den Feinschliff - durch gezielte Übungen und Trainingsmaßnahmen, die ihn für Sie und die Umwelt zu einem angenehmen, umgänglichen Zeitgenossen machen.

Hat Ihnen mein Buch gefallen?

Wenn Ihnen mein Buch gefallen hat, würde ich mich sehr über eine Rezension freuen. Ich weise gerne darauf hin, dass es keine zwei Minuten dauert, eine kurze Rezension zu schreiben, die anderen Lesern und mir sehr weiterhilft. Etwas mehr als 10 Worte reichen bereits. Je mehr Worte Sie allerdings finden, desto mehr freue ich mich.

Lesenswerte Literaturempfehlung

Die verborgenen Chancen der Angst
Wie du Freundschaft mit der Angst schließt und dadurch frei sein wirst

Dieser einfühlsam und leicht verständliche Ratgeber zeigt dir, wie du die kalte Angst aus einer neuen Perspektive siehst und ihr liebevoll und friedlich im Alltag begegnest.

von Yvonne George

ISBN: 978-3982196503

Impressum

1. Auflage
Herausgeber: Winterhain
ISBN: 978-3-9821965-2-7

Hanna Aumann-Pfaff wird vertreten durch:

Maik Winter
Bürgerstraße 22
01127 Dresden
E-Mail: sommerma@gmx.de

Covergestaltung & Satz: Wolkenart - Marie-Katharina Becker,
www.wolkenart.com
Printed by Amazon Distribution

Printed in Poland
by Amazon Fulfillment
Poland Sp. z o.o., Wrocław

21652919R00118